Klausurtraining

E. T. A. Hoffmann

Der goldene Topf

Von Angelika Schmitt-Kaufhold

Ernst Klett Verlag
Stuttgart · Leipzig

Musterklausur 1

E.T.A. Hoffmann: Der goldene Topf (Textauszug)

Hier wurde der Student Anselmus in seinem Selbstgespräche durch ein sonderbares Rieseln und Rascheln unterbrochen, das sich dicht neben ihm im Grase erhob, bald aber in die Zweige und Blätter des Holunderbaums hinaufglitt, der sich über seinem Haupte wölbte. Bald war es, als schüttle der Abendwind die Blätter, bald, als kos'ten[1] Vögelein in den Zweigen, die kleinen Fittige im mutwilligen Hin- und Herflattern rührend. – Da fing es an zu flüstern und zu lispeln, und es war, als ertönten die Blüten wie aufgehangene Kristallglöckchen. Anselmus horchte und horchte. Da wurde, er wusste selbst nicht wie, das Gelispel und Geflüster und Geklingel zu leisen halb verwehten Worten:

„Zwischen durch – zwischen ein – zwischen Zweigen, zwischen schwellenden Blüten, schwingen, schlängeln, schlingen wir uns – Schwesterlein – Schwesterlein, schwinge dich im Schimmer – schnell, schnell herauf – herab – Abendsonne schießt Strahlen, zischelt der Abendwind – raschelt der Tau – Blüten singen – rühren wir Zünglein, singen wir mit Blüten und Zweigen – Sterne bald glänzen – müssen herab – zwischen durch, zwischen ein schlängeln, schlingen, schwingen wir uns Schwesterlein."

So ging es fort in Sinne verwirrender Rede. Der Student Anselmus dachte: Das ist denn doch nur der Abendwind, der heute mit ordentlich verständlichen Worten flüstert. – Aber in dem Augenblick ertönte es über seinem Haupte, wie ein Dreiklang heller Kristallglocken; er schaute hinauf und erblickte drei in grünem Gold erglänzende Schlänglein, die sich um die Zweige gewickelt hatten, und die Köpfchen der Abendsonne entgegenstreckten. Da flüsterte und lispelte es von Neuem in jenen Worten, und die Schlänglein schlüpften und kos'ten auf und nieder durch die Blätter und Zweige, und wie sie sich so schnell rührten, da war es, als streue der Holunderbusch tausend funkelnde Smaragde durch seine dunklen Blätter. „Das ist die Abendsonne, die so in dem Holunderbusch spielt", dachte der Student Anselmus, aber da ertönten die Glocken wieder, und Anselmus sah, wie eine Schlange ihr Köpfchen nach ihm herabstreckte. Durch alle Glieder fuhr es ihm wie ein elektrischer Schlag, er erbebte im Innersten – er starrte hinauf, und ein paar herrliche dunkelblaue Augen blickten ihn an mit unaussprechlicher Sehnsucht, so dass ein nie gekanntes Gefühl der höchsten Seligkeit und des tiefsten Schmerzes seine Brust zersprengen wollte. Und wie er voll heißen Verlangens immer in die holdseligen Augen schaute, da ertönten stärker in lieblichen Akkorden die Kristallglocken, und die funkelnden Smaragde fielen auf ihn herab und umspannen ihn, in tausend Flämmchen um ihn herflackernd und spielend mit schimmernden Goldfaden. Der Holunderbusch rührte sich und sprach: „Du lagst in meinem Schatten, mein Duft umfloss dich, aber du verstandest mich nicht. Der Duft ist meine Sprache, wenn ihn die Liebe entzündet." Der Abendwind strich vorüber und sprach: „Ich umspielte deine Schläfe, aber du verstandest mich nicht, der Hauch ist meine Sprache, wenn ihn die Liebe entzündet." Die Sonnenstrahlen brachen durch das Gewölk, und der Schein brannte wie in Worten: „Ich umgoss dich mit glühendem Gold, aber du verstandest mich nicht; Glut ist meine Sprache, wenn sie die Liebe entzündet."

Und immer inniger und inniger versunken in den Blick des herrlichen Augenpaars, wurde heißer die Sehnsucht, glühender das Verlangen. Da regte und bewegte sich alles, wie zum frohen Leben erwacht. Blumen und Blüten dufteten um ihn her, und ihr Duft war wie herrlicher Gesang von tausend Flötenstimmen und was sie gesungen, trugen im Widerhall die goldenen vorüberfliehenden Abendwolken in ferne Lande. Aber als der letzte Strahl der Sonne schnell hinter den Bergen verschwand, und nun die Dämmerung ihren Flor über die Gegend warf, da rief, wie aus weiter Ferne, eine raue tiefe Stimme:

„Hei, hei, was ist das für ein Gemunkel und Geflüster da drüben? Hei, hei, wer sucht mir doch den Strahl hinter den Bergen! – genug gesonnt, genug gesungen – …

Aus: E. T. A. Hoffmann: *Der goldene Topf*, Klett Verlag, Stuttgart 2011, S. 7 f.

Worterklärung: 1 kosen – zärtlich plaudern

E. T. A. Hoffmann: Die Serapionsbrüder

Es gibt eine innere Welt und die geistige Kraft, sie in voller Klarheit, in dem vollendetsten Glanze des regesten Lebens zu schauen, aber es ist unser irdisches Erbteil, daß eben die Außenwelt, in der wir eingeschachtet, als der Hebel wirkt, der jene Kraft in Bewegung setzt. Die innern Erscheinungen gehen auf in dem Kreise, den die äußeren um uns bilden, und den der Geist nur zu überfliegen vermag in dunklen geheimnisvollen Ahnungen, die sich nie zum deutlichen Bilde gestalten. …

Wenigstens strebe jeder recht ernstlich darnach, das Bild, das ihm im Innern aufgegangen, recht zu erfassen mit allen seinen Gestalten, Farben, Lichtern und Schatten und dann, wenn er sich recht entzündet davon fühlt, die Darstellung ins äußere Leben [zu] tragen.

Aus: E. T. A. Hoffmann, *Sämtliche Werke in sechs Bänden*, Hg. V. Hartmut Steinecke und Wolf Segebrecht, Frankfurt/Main, Dt. Klassiker-Verlag, 1985–2004, Bd. 4 Die Serapionsbrüder (2001), S. 69

Aufgabenstellung

1. Interpretieren Sie die Textstelle, beziehen Sie das für das Verständnis Wesentliche aus der vorangehenden Handlung ein.
2. Untersuchen Sie, inwieweit E. T. A. Hoffmanns Ausführungen zur Duplizität der Welt in „Die Serapionsbrüder" auf das Märchen „Der goldene Topf" zutreffen; gehen Sie dabei vergleichend auf Herrmann Hesses Roman „Der Steppenwolf" ein.

1. Erstes Überfliegen des Textes – Aufgabenstellung erfassen → **2.** → **3.** → **4.** → **5.** → **6.**

Überfliegen Sie den Romanausschnitt und verschaffen Sie sich einen ersten Eindruck vom Text.

Wer	►	1. Figur
spricht/erlebt	►	Textart
mit wem	►	2. Figur
in welcher Situation	►	Ort, Zeit, Handlung
worüber/was	►	Thema
wozu?	►	Intentionen, Interessen

Formulieren Sie anschließend eine oder mehrere Verstehenshypothesen.

- Deutlich wird das Ineinanderweben von konkreter Ortsbeschreibung und einer rätselhaften Wunderwelt.
- Anselmus wird durch den Blick in die Äste in eine phantastische Welt hineingezogen.
- Die innere Erlebniswelt des Helden erscheint als Wunderwelt des Phantastischen.

Lesen Sie nun die Aufgabenstellung und achten Sie vor allem auf die Arbeitsanweisungen (Operatoren). Machen Sie sich klar, was von Ihnen erwartet wird.

Insgesamt werden Ihnen drei Teilaufgaben gestellt. **Die erste Aufgabe** besteht aus **zwei Teilen:**
Bei der ersten Teilaufgabe sollen Sie Informationen über die Handlung der Erzählung geben, die für das Verständnis der vorliegenden Textpassage notwendig sind. Dafür müssen Sie auch die Handlung des Textauszugs mit eigenen Worten und einer sinnvollen Schwerpunktsetzung zusammenfassend darstellen. Es soll deutlich werden, welchen Stellenwert die Textstelle im Ganzen der Erzählung hat.
Die zweite Teilaufgabe verlangt eine Interpretation des Textausschnittes, der einen zentralen Aspekt der Erzählung repräsentiert. Dabei sollen die Überlegungen der Figur, ihre Auseinandersetzung mit ihrem Handeln, die Beziehungen zu anderen Figuren, ihre explizit genannten oder implizit erkennbaren Interessen und Absichten erklärt und begründet werden. Im Zusammenhang mit der inhaltlichen Gestaltung sollen die erzählerischen und sprachlich-stilistischen Mittel analysiert und gedeutet werden. Beide Teile dieser Aufgabe werden später im Aufsatz zusammenhängend dargestellt. Es ist sinnvoll, den Vergleichsaspekt der dritten Teilaufgabe bei der Interpretation schon angemessen zu berücksichtigen.
Die dritte Teilaufgabe verlangt den Vergleich zwischen dem Primärtext und Hermann Hesses Roman „Der Steppenwolf". Dabei eröffnet der Außentext den Zugang zum Werkvergleich und dient als Bezugspunkt. Aus der Fülle möglicher Ergebnisse sollten nur die für die Fragestellung wesentlichen ausgewählt und durch Textbezüge begründet werden. Zitate sind hier nicht erforderlich.

1. → **2. Text aspektorientiert erschließen** → **3.** → **4.** → **5.** → **6.**

Teilschritt: Inhalt sichern (→ 1. Teilaufgabe)

Lesen Sie den Ausschnitt der Erzählung mehrfach genau durch und gliedern Sie ihn in Sinnabschnitte. Formulieren Sie für jeden Abschnitt eine Überschrift.

1. Abschnitt: Die Blätter des Holunderbaums rascheln im Abendwind. (Z. 1–5)
2. Abschnitt: Anselmus meint, Flüstern von Stimmen, Kristallglocken, Worte zu hören (Z. 5–14)
3. Abschnitt: Der Student versucht, seine Wahrnehmungen realistisch zu erklären. (Z. 15 f.)
4. Abschnitt: Er hört die Kristallglocken erneut und erspäht grün-goldene Schlangen in den Zweigen. (Z. 16–22)
5. Abschnitt: Erneuter Versuch, die Erscheinungen mit Realitätserfahrungen zu erklären. (Z. 22 f.)
6. Abschnitt: Er erblickt dunkelblaue Augen im Geäst, ihn erfüllt ein intensives Gefühl von Seligkeit und Verlangen. (Z. 23–31)
7. Abschnitt: Die gesamte ihn umgebende Natur spricht zu ihm. Anselmus starrt in das Augenpaar über sich und empfindet noch tiefere Sehnsucht. (Z. 31–43)
8. Abschnitt: Die Sonne geht unter, eine Stimme ertönt, beendet die Szene. (Z. 43–47)

Teilschritt: Zusammenhang in der Erzählung klären (→ 1. Teilaufgabe)

Wenn Sie den Text genau gelesen haben, besteht Ihre nächste Aufgabe darin, den Textauszug in den Problem-Zusammenhang der Erzählung einzuordnen. Achten Sie darauf, dass Sie nicht in eine Nacherzählung der Handlung hineingeraten: Es sind nur die Teile der Handlung wichtig, die die vorliegende Szene erklären.

Handlungszusammenhang

- Wann und wo spielt die Handlung?
- An welcher Stelle in der Erzählung steht der vorliegende Textauszug (Anfang, Mitte, ...)?
- Welche Informationen der vorausgegangenen Handlung sind wichtig für das Verständnis des Abschnitts?
- Welche Konsequenzen ergeben sich aus der Szene für die handelnde Figur?
- Welche zentralen Konflikte der Erzählung werden im Textausschnitt angesprochen?

Überlegen Sie, welche Voraussetzungen notwendig sind, um die vorliegende Situation verstehen zu können. Welche Umstände führen zu der Szene, welche Folgen ergeben sich daraus?

Ort und Zeit des Geschehens:
Die Szene spielt am Himmelfahrtstag am Elbeufer vor der Stadt Dresden.

Vorgeschichte/Stellung in der Erzählung:
- Im Mittelpunkt der Erzählung stehen die Begegnungen und Erlebnisse des Studenten Anselmus. Er rennt durch das Schwarze Tor in Dresden und wirft aus Ungeschicklichkeit den Apfelkorb einer Marktfrau um. Um den Schaden wieder gutzumachen, gibt er der Frau seine gesamte Barschaft und bedauert nun, dass er sich an diesem Festtag kein Vergnügen gönnen kann. Die alte Frau ruft ihm rätselhafte Worte nach: „Ins Kristall bald dein Fall – ins Kristall."
- Anselmus lagert sich dann unter einem Holunderbaum am Ufer der Elbe und nimmt phantastische Klänge und Lichter wahr. Er sieht kleine grüne Schlangen in den Zweigen und hört vereinzelte rätselhafte Worte. Er ist verwirrt und weiß nicht, ob er betrunken, wahnsinnig oder krank ist.

Folgen für die weitere Handlung:
- Anselmus erhält Arbeit im Haus des Archivarius Lindhorst, um seine finanzielle Situation zu verbessern. Dort wird er mit der poetischen Wunderwelt konfrontiert und begegnet Serpentina, der Tochter des Archivarius. Der Konflikt, den der Student in seiner Entwicklung durchlebt, wird deutlich: Er lebt in der bürgerlichen Realität, ihm eröffnet sich aber ein vertieftes Verstehen der Welt. Den Kampf besteht er erfolgreich mit der Hilfe Serpentinas und ihres Vaters.

Stellenwert der Szene in der Gesamtheit der Erzählung:
- Die Szene bildet den Anfang von Anselmus' Entwicklung zum Dichter, sie ist Ausgangspunkt für den zentralen Konflikt zwischen äußerer und innerer Welt.

Zentrale Konflikte:
- Gegensatz zwischen der Alltagswelt der Bürger und der Welt der Poesie
- Anselmus' Schwanken zwischen der Liebe zu der bürgerlichen Veronika und zu Serpentina aus der phantastischen Wunderwelt wird eingeleitet: Es ist der existenzielle Konflikt des Künstlers.

Teilschritt: Erzählerbericht untersuchen (→ 2. Teilaufgabe)

Die zweite Teilaufgabe verlangt von Ihnen eine systematische Analyse und Deutung von Inhalt und sprachlicher Gestaltung des Textausschnittes. Da der ausgewählte Textausschnitt aus einem reinen Erzählerbericht besteht, liegt es nahe, zunächst die Struktur zu untersuchen.

- Welches ist das Thema des Abschnitts?
- Wie gestaltet sich die Situation, wie der Entwicklungsverlauf die Handlung?
- Welche Vorstellungen, Absichten, Reaktionen des Protagonisten werden deutlich?

Der Student Anselmus tritt in die Wunderwelt ein und erlebt intensive Gefühle. Er ist verwirrt und versucht, sich seine phantastischen Wahrnehmungen mit Vernunft zu erklären.
Beispiel:
„... durch ein sonderbares Rieseln und Rascheln unterbrochen, das sich dicht neben ihm im Grase erhob, bald aber in die Zweige und Blätter des Holunderbaumes hinaufglitt, der sich über seinem Haupte wölbte. Bald war es, als schüttle der Abendwind die Blätter, → bald, als kos'ten Vöglein in den Zweigen, [...]. → Da fing es an zu flüstern und zu lispeln, und es war, → als ertönten die Blüten wie aufgehangene Kristallglöckchen. Anselmus horchte und horchte. → Da wurde, er wusste selbst nicht wie, → das Gelispel und Geflüster und Geklingel zu leisen halb verwehten Worten: → ‚Zwischen durch – zwischen ein – zwischen Zweigen, zwischen schwellenden Blüten, schwingen, schlängeln, schlingen wir uns – Schwesterlein – Schwesterlein, schwinge dich ...'"

Wechsel zwischen greifbarer Alltagswirklichkeit (Anselmus unter dem Holunderbaum) und einer Wunderwelt (zauberhafte, belebte Natur). Beide Welten sind miteinander verwoben.

Verlauf der gesamten Szene

Realität / Welt des Anselmus		Wunderwelt
Selbstgespräch	→	*akustische Eindrücke* „Geflüster", „zu halbverwehten Worten", „Kristallglocken"
„Das ist [...] der Abendwind"	← →	*optische Eindrücke* „tausend funkelnde Samaragde"
„Das ist die Abendsonne"	← →	„... wie eine Schlange ihr Köpfchen nach ihm herabstreckte ..."
„... wie ein elektrischer Schlag, er erbebte im Innersten ..."	← →	*Wirkung: Gefühle des Anselmus*

Fazit: Spannungsverhältnis von Realität und Wunderwelt bildet sich in der Struktur ab: Eine Intensivierung des Erlebens und des Gefühls findet statt. Die realen Sinneswahrnehmungen von Naturerscheinungen steigern sich ins Phantastische: Die Märchenwelt ist eine Bewusstseinswelt.

Führen Sie die Analyse weiter.

Teilschritt: Figurendarstellung untersuchen (→ 2. Teilaufgabe)

Der Textausschnitt besteht aus dem Bericht des Erzählers. Durch die Beschreibung und das Verhalten des Anselmus lässt sich einiges über die Figur ablesen.

Untersuchen Sie den Text anhand der folgenden Aufstellung. Suchen Sie die nötigen Textbelege.

Figurendarstellung

- Welche Eigenschaften und Merkmale charakterisieren die Figur?
- Welche Faktoren bestimmen das Handeln und die Reflexionen der Figur?
- Ist das Verhalten nachvollziehbar oder rätselhaft?
- Handelt es sich um eine komplexe oder um eine eher eindimensionale Figur?
- Welche Beziehungen zu anderen Figuren werden deutlich?
- Inwiefern charakterisiert sich die Figur durch ihre Rede selbst?
- Wodurch ist die Sprache charakterisiert? (z. B. Bitten, Vorwürfe, Rechtfertigungen, …)

Anselmus:
- Aufgrund seines Missgeschicks mit dem Apfelkorb ist Anselmus allein und führt Selbstgespräche.
- Das Erlebnis unter dem Holunderbaum kommt überraschend. Anselmus ist zunächst verwirrt: Er versucht sich zu beruhigen, indem er die ungewöhnlichen Sinneswahrnehmungen mit Erscheinungen der Realität zu erklären versucht. („Abendwind, Abendsonne")
- Er wird immer mehr in die phantastische Welt hineingezogen und empfindet „Seligkeit, Schmerz".
- Parallel zu seinem Empfinden nimmt er die ihn umgebende Welt der phantastischen Sinneseindrücke als herrliche Realität war: Die Liebe bestimmt die Weltwahrnehmung des Liebenden.
- Das Verschwinden der Wunderwelt ist für ihn eine Enttäuschung. („Misston")

Führen Sie die Analyse weiter.

Teilschritt: erzähltechnische Gestaltung untersuchen (→ 2. Teilaufgabe)

Die Analyse der Rolle des Erzählers und der Erzählstrategie ermittelt, wie die dargestellte Wirklichkeit vom Leser wahrgenommen wird.

Erzähltechnik

- Welche Darstellungsform liegt vor? (Beschreibung, Bericht, szenische Darstellung …)
- Wie teilt der Erzähler Geschehen, Gedanken mit? (ich-Erzählform, er-Erzählform)
- Welchen Blickwinkel nimmt der Erzähler ein? (Innensicht, Außensicht, Nähe, Abstand, …)
- Welches Erzählverhalten wird deutlich? (auktorial, personal, neutral)
- Welche Haltung des Erzählers gegenüber dem Geschehen wird deutlich? (ironisch, sachlich, …)
- Welche Bedeutung hat die Zeitgestaltung?
- Welche Bedeutung hat der Raum?

Erzählform: Die Er-Erzählform bietet dem Leser einen Überblick über das Geschehen.
Erzählperspektive: Durch die Innensicht auf die Figur des Anselmus erfährt der Leser Gedanken und Gefühle des Protagonisten und hat damit teil an seiner Entwicklung.
Erzählverhalten: auktorial, später personal. Der Erzähler führt den Leser, wenn er Wertungen einbringt: „sonderbar", „Sinne verwirrend", „liebliche Akkorde", „Misston".
Erzählhaltung: Der Bericht des Erzählers ist neutral. Im Verlauf der Szene nimmt der Leser die gleiche Blickrichtung ein wie Anselmus und empfindet die Wunderwelt als wirklich.
Zeitgestaltung: Am Himmelfahrtstag; im Verlauf der Szene wird die exakte Zeit der Erfahrungswirklichkeit aufgehoben. Der Leser empfindet das Geschehen als unmittelbar.
Raum: Der Ort ist topografisch genau bestimmt, wird aber zum mythischen Raum.

Führen Sie die Analyse weiter.

Teilschritt: sprachlich-stilistische Gestaltung untersuchen (→ 2. Teilaufgabe)

Bei dieser Untersuchung sollen Sie deutlich machen, welche rhetorischen Mittel bei der Figurensprache genutzt werden und wie Sprache das Verhalten der Figur und sie selbst charakterisiert.

Welche sprachlich-stilistischen Besonderheiten charakterisieren die Sprache des Erzählers?

Erzählmittel	Text	Deutung
Vergleich/Personifikation Diminutivum	... Bald war es, als schüttle der Abendwind die Blätter, bald, als kos'ten Vögelein in den Zweigen, die kleinen Fittige im mutwilligen Hin- und Herflattern rührend. – Da fing es an zu	→ belebte Natur, Wunderwelt Koseform: emotionale Wertung
Lautmalerei Vergleich	flüstern und zu lispeln, und es war, als ertönten die Blüten wie aufgehangene Kristallglöckchen.	→ Eindrucksverstärkung → kostbar, wunderschöner Klang
Alliteration	Da wurde, er wusste selbst nicht wie, das Gelispel und Geflüster und Geklingel zu leisen halb verwehten Worten: ...	→ musikalisch, eindringlich
Vergleich wird aufgegeben	... Augen blickten ihn an mit unaussprechlicher Sehnsucht, so dass ein nie gekanntes Gefühl der	→ Eindruck von Wirklichkeit
Superlative Metapher	höchsten Seligkeit und des tiefsten Schmerzes seine Brust zersprengen wollte. Und wie er voll heißen Verlangens immer in die holdseligen	→ neue, extreme Erfahrung
stimmungshafte Adjektive Vergleich aufgehoben	Augen schaute, da ertönten stärker in lieblichen Akkorden die Kristallglocken, und die funkelnden Smaragde fielen auf ihn herab und	→ Liebe → heitere Stimmung → Distanz aufgehoben
Personifikation Auflösung der Syntax Personifikation	umspannen ihn, in tausend Flämmchen um ihn herflackernd und spielend mit schimmernden Goldfaden. Der Holunderbusch rührte sich und	→ Wunderwelt erscheint wirklich → Anselmus wird in die Welt hineingezogen
Synästhesie	sprach: ... Blumen und Blüten dufteten um ihn her, und ihr Duft war wie herrlicher Gesang von tausend Flötenstimmen	→ Häufung akustischer und visueller Eindrücke mit lautlichen Entsprechungen

Fazit: Wahrnehmung der poetischen in der realen Welt → Überwältigendes Erleben → Liebe

Führen Sie die Analyse des Textes auf diese Weise fort und fassen Sie die Ergebnisse zusammen.

Teilschritt: textüberschreitende Aspekte untersuchen (→ 2. Teilaufgabe)

Bei den textüberschreitenden Gesichtspunkten können Sie folgende Überlegungen thematisieren:

- Die Struktur der Erzählung: Wechsel von Realität und poetischer Sphäre
- Die medizinisch-psychologische Sichtweise: Stationen eines fortschreitenden Wahnsinns
- Bezug zum Autor: Hoffmann war Staatsdiener, Kapellmeister, Dichter, Zeichner, Komponist.
- Andere Werke des Autors: Die Wahrnehmung der inneren Welt kann auch zu Selbstzerstörung („Kreisleriana") oder Mord („Das Fräulein von Scuderi") führen.
- Epochengeschichtliche Einordnung: Züge der Romantik

Teilschritt: Deutungsthese formulieren (→ 2. Teilaufgabe)

Aus den Untersuchungsergebnissen lässt sich eine abschließende Deutungsthese formulieren. Da diese auch Ausgangspunkt der nächsten Teilaufgabe sein wird, sollte darin Ihre Kenntnis der gesamten Erzählung deutlich werden.

Formulieren Sie eine Deutungsthese, die das Geschehen in einen größeren Sinnzusammenhang stellt.

Im Textausschnitt wird der Beginn der Entwicklung des Anselmus zum Dichter dargestellt, denn er erblickt erstmals hinter den Erscheinungen der Realität die wahre Welt.

1. → 2. → **3. Den Vergleich vorbereiten** → 4. → 5. → 6.

Die dritte Teilaufgabe verlangt einen Vergleich zwischen dem Primärtext und einem anderen literarischen Werk unter dem Vergleichsaspekt der Duplizität der Welt, wie ihn der Außentext „Die Serapionsbrüder" ausführt.

Teilschritt: Den Außentext auswerten und auf den Textausschnitt beziehen

Ermitteln Sie zunächst die Hauptthesen des Außentextes, stellen Sie sie stichwortartig heraus und notieren Sie Bezüge zum Textausschnitt.

E. T. A. Hoffmann: Die Serapionsbrüder

Es gibt eine innere Welt und die geistige Kraft, sie zu schauen

→ Anselmus gehört zur Bürgerwelt, ist aber empfänglich für das Wahrnehmen des Wunderbaren.

die Außenwelt, in der wir eingeschachtet, als der Hebel wirkt, der jene Kraft in Bewegung setzt

→ Durch das vorausgegangene Missgeschick befindet er sich allein am Elbeufer. Dort schaut er in den Holunderbaum und nimmt erstmals die poetische Welt wahr.

Die innern Erscheinungen gehen auf in dem Kreise, den die äußeren um uns bilden

→ Die poetische Welt ist die Erfahrung des Inneren, ausgelöst durch Erfahrungen der Alltagswelt.

Wenigstens strebe jeder darnach, das Bild, das ihm im Innern aufgegangen, recht zu erfassen
→ Bemühen, innere Erfahrungen wahrzunehmen: Anselmus sieht die belebte Natur, die Schlänglein.
die Darstellung ins äußere Leben zu tragen
→ Die Arbeit des Dichters besteht darin, innere Erfahrungen darzustellen

Teilschritt: Vergleich zwischen „Der goldene Topf" und „Der Steppenwolf"

In diesem Schritt sollen Sie die im Außentext postulierte und im Textauszug literarisch gestaltete Idee der Duplizität der Welterfahrung als Vergleichsaspekt auf den Roman „Der Steppenwolf" anwenden.

✎ Ermitteln Sie vergleichend, wie die Protagonisten aus „Der goldene Topf" und „Der Steppenwolf" die Ambivalenz der Realität und ihr Verhältnis zur bürgerlichen Gesellschaft erleben und verarbeiten.

Der goldene Topf	***Der Steppenwolf***
Der Protagonist Anselmus - erfährt im Verlauf der Erzählung seine schrittweise Entwicklung zum Dichter - ist in die Gesellschaft integriert, zeigt philisterhafte Eigenschaften, äußert selbst keine Kritik am Bürgertum - Duplizität der Welterfahrung: Poetische Welt als Projektion des Inneren - Zusammenstoß von Künstler- und Bürgerwelt - Anselmus reagiert verwirrt - Existenzielle Gefährdung des Künstlers als Resultat der gesellschaftlichen Isolierung, des dämonischen Charakters der Kunst - Diese existenzielle Gefährdung wird in einem märchenhaften Schluss aufgelöst (Atlantis). Nur im Zauberland der Poesie/Kunst lassen sich irdische und phantastische Welt miteinander versöhnen.	Harry Haller - ist Künstler, Intellektueller, leidet an seiner Existenz - sieht sich als Außenseiter, verachtet den Bürger, hat aber selbst Anteil an der bürgerlichen Lebensweise - Die verschiedenen Seiten des Ichs werden als Räume im Magischen Theater dargestellt. - Gefühl der Entfremdung gegenüber der Gesellschaft – Identitätskrise - Entfremdung als Persönlichkeitsspaltung zwischen Geistigkeit und Triebhaftigkeit erlebt - Die Lösungsangebote des Romans: Wiederbelebung der klassisch-bürgerlichen Kultur sowie der Ausgleich zwischen Sinnlichkeit und Geistigkeit im Menschen sind *keine* Möglichkeiten, die Entfremdung aufzuheben.

1. → 2. → 3. → **4. Gliederung erstellen** → 5. → 6.

Beginnen Sie mit der schriftlichen Ausarbeitung erst, nachdem Sie eine Gliederung erstellt haben. An ihr können Sie sich während des Schreibens orientieren und überprüfen, ob Ihre Gedanken logisch aufeinander folgen.

Einleitung

Ausführungen zum programmatischen Untertitel der Erzählung „Märchen aus der neuen Zeit"

Hauptteil

1. Teilaufgabe

a) Einordnung der Textstelle in den Handlungszusammenhang der Erzählung
- Anselmus verliert durch Ungeschick sein Geld und wandert allein an der Elbe entlang.
- Unter einem Holunderbaum hat er ein poetisches Naturerlebnis.
- Die bürgerliche Gegenwelt: Die Philister
- Die Zauberwelt: Der Archivarius Lindhorst und seine Tochter Serpentina
- Die weitere Entwicklung des Anselmus zum Poeten; Lösung: Harmonie von Poesie und Natur

b) Inhaltszusammenfassung der Textstelle
- Anselmus sitzt unter einem Holunderbaum an der Elbe, blickt in die Zweige.
- Wachtraum: die Natur als phantastisch belebte Sphäre: wunderbare Klänge, Stimmen, ...
- Er versucht sich die Erscheinungen immer wieder rational zu erklären.
- Eine raue Stimme beendet die Vision.

c) Stellenwert der Textstelle in der Erzählung
- Am Anfang der Erzählung; Auftakt der Entwicklungsgeschichte der Hauptfigur zum Poeten
- Ausgangspunkt für den Kampf zwischen äußerer und innerer Welt
- Erstes Erscheinen der Figuren der phantastischen Welt: Serpentina, Lindhorst

2. Teilaufgabe

a) Struktur des Erzählberichts
- Wechsel von akustischen und optischen Eindrücken mit rationalen Erklärungsversuchen
- Steigerung des sinnlichen Erlebens ins Phantastische bis zum abrupten Ende

b) Figurengestaltung
- Anselmus, phanthasiebegabt, empfänglich für außergewöhnliche Sinneseindrücke, fähig, die poetische Welt in der Alltagswelt zu erleben

c) Erzähltechnik
- Er-Erzählform erhält zunächst Distanz.
- Neutrales Erzählverhalten geht über in personales Erzählverhalten (Wertungen).
- Innensicht ermöglicht Miterleben, Perspektive führt zur Identifikation mit Anselmus.

d) sprachlich-stilistische Gestaltung
- Vergleiche, Lautmalerei, Alliteration, Personifikation und Synästhesie machen den Wandel der Alltagswelt in die Welt der Poesie nachvollziehbar.

e) Deutungsthese
- Beginn der Entwicklung des Anselmus zum Poeten: Er erkennt die „wahre" hinter der realen Welt.

3. Teilaufgabe:

a) Auswertung des Außentextes mit Bezug auf den Textausschnitt
- Zusammenhang von Alltagswelt und poetischer Welt
- Reale Gegenstände als Auslöser für die Erfahrung der inneren Welt
- Poetischer Auftrag des Dichters: Anselmus' Entwicklung

b) Vergleich unter dem Aspekt der Duplizität der Welt
- „Der goldene Topf": Beide Welten existieren gleichberechtigt nebeneinander, Anselmus kann die Duplizitätserfahrung in sein Leben integrieren → Entwicklung zum Poeten
- „Der Steppenwolf": Die Duplizität führt zur inneren Zerrissenheit, Persönlichkeitsspaltung der Figur. Die „bürgerliche" Welt bietet keine Lebensmöglichkeit → Eine Lösung gelingt nicht.

Schluss

- Romantisches Konzept der Alleinheit der Natur, also auch von Natur und Geist → positiver Schluss bei E. T. A. Hoffmann

Einleitung
Die Einleitung hat die Funktion, Interesse zu wecken und zum Thema hinzuführen. Unbedingt in die Einleitung gehören der Name des Verfassers, Titel, Textsorte, Entstehungszeit oder Jahr der Veröffentlichung. Sie können auch auf das Thema, die mögliche Intention des Autors, sein poetologisches Konzept oder Ihre eigene Vorgehensweise eingehen.
Schluss
Wie die Einleitung ist auch der Schluss des Aufsatzes von Bedeutung, da Sie mit den letzten Sätzen einen nachhaltigen Eindruck auf Ihren Leser machen können. Formulieren Sie diese Sätze aus, überprüfen Sie sie gründlich auf Inhalt und sprachlich-stilistische Form. Hier haben Sie verschiedene Möglichkeiten. z. B.:
- Zusammenfassung der Ergebnisse unter einem zentralen Aspekt (z. B. Realität vs. poetische Welt)
- Hinweis auf die weltanschaulichen Konzepte der literarischen Epoche (z. B. Alleinheit der Natur)
- Einordnung in Tendenzen der zeitgenössischen deutschsprachigen Literatur (z. B. Realität und virtuelle Welten)

1. → 2. → 3. → 4. → **5. Klausur schreiben** → 6.

Schreiben Sie nun den Aufsatz. Nutzen Sie dazu Ihre Vorarbeiten.

Einleitung
E. T. A. Hoffmann hat seine Erzählung „Der goldene Topf" von 1814 im Untertitel ein „Märchen aus der neuen Zeit" genannt. Mit dieser Bezeichnung zeigt sich die Liebe des Romantikers für das Märchenhafte, und so endet der Text auch mit dem Schlusswort „Ende des Märchens". Auf den formelhaften Anfang verzichtet der Autor allerdings, da der Zusatz „aus der neuen Zeit" nicht so recht zur Textart „Märchen" passen will. Dieser Teil des Untertitels weist auf die Rolle der realen Welt hin, die in der Erzählung durch reale Orts- und Zeitangaben klare Züge gewinnt.
So spielt „Der goldene Topf" in Dresden um 1813/14 – in dieser Zeit war Hoffmann als Kapellmeister in der Stadt tätig – und auch die Figuren sind typische Vertreter der Honoratiorenschicht einer Stadt wie Dresden im 19. Jahrhundert. Aus diesem Spannungsverhältnis von Realität und Wunderwelt ergibt sich die Struktur des „Märchens": Gleitende Übergänge zwischen den Welten, vermittelt durch Erzählerkommentare oder die Rationalisierungsversuche der Figur des Anselmus, bilden seine Entwicklung zum Dichter ab und machen sie nachvollziehbar. So hat Hoffmann in dieser Erzählung sein poetologisches Konzept beispielhaft umgesetzt.
Hauptteil
1. Teilaufgabe
Am Himmelfahrtstag passiert dem Studenten Anselmus ein Missgeschick, als er durch das Schwarze Tor in Dresden läuft und in den Korb einer Marktfrau mit Äpfeln tritt. Um den Schaden wieder gutzumachen, gibt er der Frau seine gesamte Barschaft. Unheimlich wirkt der Ruf der alten Frau, der hinter ihm her tönt: „Ins Kristall bald dein Fall – ins Kristall". Anselmus kann nun nicht mehr die Vergnügungen des Festtages genießen, denn er hat kein Geld mehr. Er geht an das Ufer der Elbe und beklagt sein Schicksal. Als er unter einem Holunderbaum sein Pfeifchen raucht, entfaltet sich das Wunderbare in der Alltagswelt. Hier wird zum ersten Mal der Zusammenstoß und die gleichzeitige Wechselwirkung von realer und poetischer Welt deutlich. Der verwirrte Anselmus erlebt noch mehr Szenen dieser Art im Lauf seiner Entwicklung. Er arbeitet für den angesehenen Archivarius Lindhorst, der gleichzeitig Zauberer ist, und lernt in dessen Haus Serpentina kennen. Sie ist die Tochter Lindhorsts, die seinen weiteren Weg begleitet. Er verliebt sich in sie und wird

später mit ihrer Hilfe den goldenen Topf – ihre Mitgift und ein Sinnbild künftigen Glücks – gewinnen und so ins Reich der Poesie gelangen. Gleichzeitig und parallel zu dieser romantisch-poetischen Welt befindet sich Anselmus auch in der prosaischen Welt der Bürger. Zu diesem Kreis gehören der Konrektor Paulmann, dessen Tochter Veronika und der Registrator Heerbrand. In ihrem Umkreis verliert er die Fähigkeit, das Wunderbare wahrzunehmen und erfährt die Alltagswelt zunehmend als beengend und begrenzt. Deutlich wird diese Wahrnehmung, als er in einer Kristallflasche eingesperrt ist und damit die rätselhafte Weissagung der Marktfrau „Ins Kristall bald dein Fall" wahr wird. Ein Spiegel des Spannungsfeldes der beiden Welten ist auch das Schwanken des Helden zwischen der bürgerlichen Veronika und Serpentina aus der Zauberwelt. Auch hier ist er sich zunächst seiner Wahrnehmungen und Gefühle nicht sicher. Am Ende erreicht er den idealen Zustand der Einheit von Wirklichkeit und Poesie.
In der vorliegenden Textstelle wird zum ersten Mal die Gleichzeitigkeit von realer und poetischer Welt in einem intensiven Naturerlebnis deutlich. In geschickter Weise gestaltet der Autor den Übergang zwischen den Parallelwelten. Anselmus sitzt unter dem Holunderbaum, blickt in die Zweige, und das Rascheln der Blätter kommt ihm wie das Flüstern von Stimmen vor. Er nimmt gleichzeitig Töne wie von Kristallglocken wahr und sieht drei kleine gold-grüne Schlangen im Geäst. Die tiefblauen Augen der einen Schlange rufen in ihm ein glühendes Gefühl von Sehnsucht und Seligkeit hervor. Der Student ist verwirrt, weiß nicht, ob er betrunken, krank oder wahnsinnig ist, und versucht immer wieder, sich die Wahrnehmungen mit realistischen Begründungen zu erklären. Die Szene wird durch den Ruf einer rauen Stimme beendet, die Schlangen verschwinden. Anselmus ist wieder in der Realität angekommen.
Die Szene ist eine entscheidende Schlüsselstelle in der Erzählung, stellt sie doch die Einführung des Helden in die romantisch-wunderbare Welt dar. Sie konfrontiert ihn, ohne dass es ihm bewusst ist, mit den Hauptfiguren dieser Sphäre, mit dem Archivarius Lindhorst und seiner Tochter. Darüber hinaus ist dies die erste Stelle, an der der zentrale Konflikt zwischen äußerer und innerer poetischer Welt deutlich wird. Sie bildet damit den Auftakt zu Anselmus' Bewusstseinsbildung, zu seiner Entwicklung als Dichter.

2. Teilaufgabe

Der Wechsel der beiden Welten in der Wahrnehmung des Anselmus bestimmt die Struktur des vorliegenden Textausschnittes: Der sachliche Erzählerbericht („Anselmus horchte und horchte", Z. 7) wird immer wieder durch die Beschreibung der synästhetisch gestalteten Eindrücke unterbrochen („Dreiklang heller Kristallglocken", Z. 17, „tausend funkelnde Smaragde", Z. 22) und gipfelt in szenischer Darstellung, wenn die kleinen Schlangen und der Holunderbaum zu ihm sprechen. Gleichzeitig erkennt man die Versuche des Anselmus, sich die Eindrücke mithilfe von Realitätserfahrungen zu erklären („Das ist die Abendsonne", Z. 22 f.) und erfährt die Wirkung der Szene auf den Studenten in eindrucksvoller Weise. Zunächst wird durch einen Vergleich („war es als..."; Z. 4) die Möglichkeit anderer Sinneseindrücke beschworen, dann werden sie als Tatsachen beschrieben („wurde ... zu leisen, halb verwehten Worten", Z. 7 f.), die von dem Helden aber noch nicht eingeordnet werden können („er wusste selbst nicht wie", Z. 7). So wird der Leser in die Situation hineingezogen und erlebt gleichsam aus der Nähe das Schauspiel mit. Parallel zur steigernden Gestaltung findet eine Intensivierung des Erlebens und des Gefühls statt. Es wird eine Bewusstseinswelt entfaltet. Der Hinweis auf Anselmus' Empfinden („Seligkeit", „Schmerz", Z. 27 f.) zeigt, dass die Liebe die Weltwahrnehmung des jungen Mannes bestimmt. Durch dieses rätselhafte Erlebnis ist der Leser gespannt auf den weiteren Fortgang der Handlung um den Protagonisten. Anselmus ist nicht vorbereitet auf die Wunderwelt unter dem Holunder, deshalb versucht er sie auch mit den Erfahrungen der Realität zu erklären. Die Begegnung mit den blauen Augen der gold-grünen Schlange ist der Anfang seiner Liebe zu Serpentina, die raue Stimme, die die Szene abrupt beendet, die Begegnung mit ihrem Vater, dem Archivarius. Beide Figuren werden seinen weiteren Weg bestimmen. Durch die Er-Erzählform erfährt der Leser eine gewisse Distanz zum Geschehen, die Innensicht auf die Figur des Protagonisten ermöglicht aber ein direktes Miterleben von dessen Gedanken und Gefühlen. Dieser Eindruck wird gestützt durch die Darstellungsweise von Beschreibung und szenischer Darstellung sowie durch den Wechsel in das personale Erzählverhalten, das einen unmittelbaren Leseeindruck vermittelt. Dadurch wird auch keine Wertung des Erzählers fassbar. Er zeigt zunächst eine neutrale Haltung gegenüber dem Protagonisten und seinen Wachträumen, zieht dann aber den Leser in die Blickrichtung, die Anselmus einnimmt, und es gelingt eine Identifikation mit der Figur. Die Wunderwelt wird als wirklich empfunden. Durch die farbige Beschreibung scheint der reale Raum aufgehoben, er wird zum mythischen Raum. Die Zeit bleibt stehen, bis der Erzähler von dem Verschwinden der drei Schlangen in den Fluten der Elbe berichtet. Damit ist auch der Leser wieder in der Alltagswelt angekommen. Durch das „richtige" Sehen geschieht die Verwandlung der Alltagswelt in die Dimension des Wunderbaren. Zunächst wird dieser Vorgang durch die Verwendung von Vergleichen gestaltet, die eine vorsichtige Annäherung zeigen („als schüttle der Abendwind die Blätter, als kos'ten Vögelein in den Zweigen", Z. 4 f.) Beschreibungen im Präteritum Indikativ lösen diese vorsichtigen Formulierungen ab, sodass die Szene Wirklichkeitscharakter erhält. („Augen blickten ihn an ...., da ertönten ... die funkelnden Smaragde fielen auf ihn herab ...", Z. 26, 29 f.) Eine Intensivierung des Eindrucks wird erreicht durch Lautmalerei und Alliteration („flüstern und lispeln, Z. 6; „Gelispel und Geflüster und Geklingel", Z. 7 f.), die Personifikationen („Der Holunderbusch rührte sich und sprach", Z. 32 f.) und nicht zuletzt durch die Synästhesie („Duft wie herrlicher Gesang", Z. 41 f.), sodass einmal die poetische Wunderwelt als wirklich erscheint, dann aber auch die neue extreme Erfahrung und das intensive Gefühl von Liebe, das Anselmus erfährt, für den Leser nachvollziehbar sind.

3. Teilaufgabe

Die Dinge der Realität wie die Zweige des Holunderbaumes sind Auslöser der Phantasie. („Hebel, der jene Kraft in Bewegung versetzt", Die Serapionsbrüder) In ihrer genauen Betrachtung durch den Poeten versinkt die Alltagswelt. Es geschieht die Verwandlung der Alltagswelt in die Dimension des Wunderbaren, in einen mythischen Ort der Poesie. Dieser erscheint dem Protagonisten und auch dem Leser als wirklich. Es ist das Bild, das Anselmus „im Innern aufgegangen" ist, das er nun richtig erfasst. Der erste Schritt zum Dichter ist getan. Entscheidend ist, dass Hoffmann beide Welten als gleichwertig darstellt. Gegen Ende seiner Entwicklung zum Dichter ist Anselmus in der Lage, die wunderbare Welt als eine Projektion seines inneren Erlebens zu verstehen. Er ist fähig, die ursprüngliche Einheit allen Seins, wie die Romantiker sie verstanden, zu erkennen. E. T. A. Hoffmann nennt diese Fähigkeit, hinter der Folie der Wirklichkeit die „wahre" Welt zu erblicken, in seiner Schrift „Die Serapionsbrüder" die „geistige Kraft". Sie macht Anselmus zu einem Außenseiter in der prosaischen Welt des Bürgertums, dem diese Fähigkeit abgeht. Für Hoffmann besteht die Aufgabe des Dichters darin, die Erfahrungen des Inneren wahrzunehmen und „ins äußere Leben zu tragen", das heißt, in der Dichtung zu gestalten. Dies hat der Autor am Beispiel der Figur des Anselmus gezeigt.

Allerdings ist dieser Zustand das Ende einer Entwicklung, die schrittweise geschieht. Erst am Schluss der Erzählung gelangt Anselmus zum Bewusstsein als Dichter. Im Vergleich dazu erscheint Hermann Hesses Protagonist Harry Haller von Anfang an als Künstler und Intellektueller, der in seiner Identität schwer gestört ist und sich als Außenseiter der Gesellschaft sieht. Auch E. T. A. Hoffmanns Held ist nicht der umjubelte, verklärte Künstler, doch er ist in den bürgerlichen Freundeskreis integriert und zeigt selbst philisterhafte Züge. Seine Bildung zum Künstler geschieht überraschend, als er in einem intensiven Naturerlebnis die poetische Welt erfährt. Sie ist die Projektion seines Inneren. Dieser Zusammenstoß zwischen poetischer Welt und Alltagswelt wird durchaus als verwirrend empfunden. Die existenzielle Gefährdung des Künstlers wird dargestellt: Das poetische Erlebnis geschieht in gesellschaftlicher Isolierung, es ist ein dämonisches Erlebnis. Im „Goldenen Topf" versöhnen sich die Gegensätze in einem märchenhaften Schluss: Anselmus residiert im Zauberland der Poesie, in Atlantis, wo Natur und Kunst in Harmonie vereint sind. Bei Hermann Hesse zeigt sich in der Figur Harry Hallers die Entfremdung gegenüber der Gesellschaft als Persönlichkeitsspaltung, als Gegensatz zwischen der Welt des Geistes und der Kultur einerseits und der ungezügelten Triebhaftigkeit andererseits. Auf der Suche nach seiner wahren Identität erlebt Haller die Facetten seines Wesens als Räume im Magischen Theater. Anselmus erfährt sein inneres Erleben als phantastische Zauberwelt. Aber im Gegensatz zu E. T. A. Hoffmanns Erzählung gibt es bei Hesses „Steppenwolf" keine Lösung. Weder die Wiederbelebung der klassisch-bürgerlichen Kultur (Mozart), noch ein Ausgleich zwischen Sinnlichkeit und Geistigkeit im Menschen erscheinen als Möglichkeit der Identitätsfindung. Harry Haller verschwindet.

Schluss

Die romantische Konzeption der All-Einheit der Natur, dass nämlich Natur und Geist als Einheit betrachtet werden können, macht den positiven Schluss in Hoffmanns „Märchen aus der neuen Zeit" möglich. Beide Sphären existieren in prinzipieller Übereinstimmung. Der Dichter überschreitet mithilfe der Phantasie die Zwänge der Realität und die Grenzen, die die Rationalität gezogen hat. Die Vorstellungskraft wird für die Romantiker das Mittel, mit dem sie Wirklichkeiten im Bewusstsein lebendig werden lassen, die in der Wirklichkeit nicht mehr wahrgenommen werden: Die Wunder der Natur, die mythische Welt, das Unbewusste.

1. → 2. → 3. → 4. → 5. → **6. Klausur überarbeiten**

Teilen Sie sich Ihre Zeit so ein, dass Sie Ihre Klausur am Schluss noch einmal überarbeiten können.

Plausibilität der Argumentation

- Wird eine klare These über die Absicht des Autors formuliert und begründet?
- Stützen Ihre Argumente die These? Belegen Textzitate Ihre Argumente?
- Wirkt Ihre Deutung differenziert und vernetzt, indem Sie Kontextbezüge (Biografie des Autors, Entstehungszeit, andere Werke des Autors, ...) herstellen?
- Stimmt die Gesamtdeutung mit den Einzelbeobachtungen überein?

Schlüssigkeit des Gedankengangs

- Entspricht der Gedankengang des Aufsatzes der Gliederung? (inhaltliche Logik)
- Ist der Text verständlich? Gibt es einen „roten Faden", d.h. einen logischen Aufbau?

Sprachliche Korrektheit

- Haben Sie das Präsens als generelle Zeitstufe in Ihrem Aufsatz beibehalten?
- Sind Ihre Satzstrukturen überschaubar und grammatisch korrekt?
- Stimmen Rechtschreibung und Zeichensetzung?
- Sind Fachbegriffe richtig verwendet?

Musterklausur 2

E.T.A. Hoffmann: Der goldene Topf (Textauszug)

Mit dem Anselmus ist nun einmal in der Welt nichts anzufangen“, sagte der Konrektor Paulmann; „alle meine guten Lehren, alle meine Ermahnungen sind fruchtlos, er will sich ja zu gar nichts applizieren, unerachtet er die besten Schulstudia besitzt, die denn doch die Grundlage von allem sind.“ Aber der Registrator Heerbrand erwiderte schlau und geheimnisvoll lächelnd: „Lassen Sie dem Anselmus doch nur Raum und Zeit, wertester Konrektor! das ist ein kurioses Subjekt, aber es steckt viel in ihm, und wenn ich sage: so viel, so heißt das: ein geheimer Sekretär, oder wohl gar ein Hofrat.“ – „Hof –“, fing der Konrektor im größten Erstaunen an, das Wort blieb ihm stecken. – „Still, still“, fuhr der Registrator Heerbrand fort, „ich weiß, was ich weiß! – Schon seit zwei Tagen sitzt er bei dem Archivarius Lindhorst und kopiert, und der Archivarius sagte gestern Abend auf dem Kaffeehause zu mir: >Sie haben mir einen wackern Mann empfohlen, Verehrter! – aus dem wird was<, und nun bedenken Sie des Archivarii Konnexionen – still still – sprechen wir uns übers Jahr!“ – Mit diesen Worten ging der Registrator im fortwährenden schlauen Lächeln zur Tür hinaus und ließ den vor Erstaunen und Neugierde verstummten Konrektor im Stuhle festgebannt sitzen. Aber auf Veronika hatte das Gespräch einen ganz eignen Eindruck gemacht. Habe ich's denn nicht schon immer gewusst, dachte sie, dass der Herr Anselmus ein recht gescheiter, liebenswürdiger, junger Mann ist, aus dem noch was Großes wird? Wenn ich nur wüsste, ob er mir wirklich gut ist? – Aber hat er mir nicht jenen Abend, als wir über die Elbe fuhren, zweimal die Hand gedrückt? hat er mich nicht im Duett angesehen und mit solchen ganz sonderbaren Blicken, die bis ins Herz drangen? Ja, ja! er ist mir wirklich gut – und ich – Veronika überließ sich ganz, wie junge Mädchen wohl pflegen, den süßen Träumen von einer heitern Zukunft. Sie war Frau Hofrätin, bewohnte ein schönes Logis in der Schlossgasse, oder auf dem Neumarkt, oder auf der Moritzstraße – der moderne Hut, der neue türkische Shawl stand ihr vortrefflich – sie frühstückte im eleganten Neglige im Erker, der Köchin die nötigen Befehle für den Tag erteilend. „Aber dass Sie mir die Schüssel nicht verdirbt, es ist des Herrn Hofrats Leibessen!“ – Vorübergehende Elegants schielen herauf, sie hört deutlich: „Es ist doch eine göttliche Frau, die Hofrätin, wie ihr das Spitzenhäubchen so allerliebst steht!“ – Die geheime Rätin Ypsilon schickt den Bedienten und lässt fragen, ob es der Frau Hofrätin gefällig wäre, heute ins Linkische Bad zu fahren? – „Viel Empfehlungen, es täte mir unendlich leid, ich sei schon engagiert zum Tee bei der Präsidentin Tz.“ – Da kommt der Hofrat Anselmus, der schon früh in Geschäften ausgegangen, zurück; er ist nach der letzten Mode gekleidet; „wahrhaftig schon zehn“, ruft er, indem er die goldene Uhr repetieren lässt und der jungen Frau einen Kuss gibt. „Wie geht's, liebes Weibchen, weißt du auch, was ich für dich habe?“, fährt er schäkernd fort und zieht ein Paar herrliche nach der neuesten Art gefasste Ohrringe aus der Westentasche, die er ihr statt der sonst getragenen gewöhnlichen einhängt. „Ach, die schönen niedlichen Ohrringe“, ruft Veronika ganz laut, und springt, die Arbeit wegwerfend, vom Stuhl auf, um in dem Spiegel die Ohrringe wirklich zu beschauen. „Nun was soll denn das sein“, sagte der Konrektor Paulmann, der eben in Cicero de Officiis vertieft, beinahe das Buch fallen lassen, „man hat ja Anfälle wie der Anselmus.“ Aber da trat der Student Anselmus, der wider seine Gewohnheit sich mehrere Tage nicht sehen lassen, ins Zimmer, zu Veronikas Schreck und Erstaunen, denn in der Tat war er in seinem ganzen Wesen verändert.

Aus: E. T. A. Hoffmann: *Der goldene Topf*, Klett Verlag, Stuttgart 2011, S. 30 f.

Rüdiger Safranski: Romantik

Denjenigen, der sich ganz der Nützlichkeit verschreibt, nennen die Romantiker Philister. …
Es handelt sich also um Leute, die sich das Staunen und die Bewunderung verbieten. Es ist der Umkreis ihrer lieben Gewohnheiten, in welchem sie sich ewig herumdrehen. Nicht nur fehlt es ihnen an Fantasie, ihnen ist auch jeder suspekt, von dem sie glauben, dass er zu viel davon hat. Sie wollen ganz einfach in demselben Geleise forttraben. Sie gehen immer den Mittelweg … Die Philister sind Menschen ohne Transzendenz[1], sie tun alles, um des irdischen Lebens willen. Dieses irdische Leben aber will der Philister immer als derselbe durchleben, seine Identität ist ihm kostbar, er möchte unter allen Umstanden für sich selbst und für die anderen berechenbar bleiben.

Aus: Rüdiger Safranski: *Romantik. Eine deutsche Affäre.* Carl Hanser Verlag, München 2007; S. 199

Worterklärung: 1 Transzendenz – Bereich der Erkenntnis, der die Erfahrungen der Alltagswelt überschreitet.

Aufgabenstellung

1. Interpretieren Sie die Textstelle, beziehen Sie das für das Verständnis Wesentliche aus der vorangehenden Handlung ein.
2. Untersuchen Sie die Figuren des Textausschnittes unter dem Aspekt des Philistertums, wie ihn Rüdiger Safranski beschreibt. Vergleichen Sie mit der Sicht auf das Bürgertum in Herrmann Hesses Roman „Der Steppenwolf".

1. Erstes Überfliegen des Textes – Aufgabenstellung erfassen

→ 2. → 3. → 4. → 5. → 6.

Überfliegen Sie den Romanausschnitt und verschaffen Sie sich einen ersten Eindruck vom Text. Formulieren Sie anschließend eine oder mehrere Verstehenshypothesen.

Wer	►	1. Figur
spricht	►	Textart
mit wem	►	2. Figur
in welcher Situation	►	Ort, Zeit, Handlung
worüber	►	Thema
wozu?	►	Intentionen, Interessen

Formulieren Sie anschließend eine oder mehrere Verstehenshypothesen.

- Die Gesellschaft um den Konrektor Paulmann betrachtet Anselmus als Sonderling.
- Diese Figuren leben in einer Sphäre, die an materieller Sicherheit und gesellschaftlichem Ansehen orientiert ist. Wichtig ist ihnen die Erfüllung sozialer Konventionen.

Lesen Sie nun die Aufgabenstellung und achten Sie vor allem auf die Arbeitsanweisungen (Operatoren). Hinweise dazu finden Sie auf S. 4.

Teilschritt: Inhalt sichern (→ 1. Teilaufgabe)

Lesen Sie den Ausschnitt der Erzählung mehrfach genau durch und gliedern Sie ihn in Sinnabschnitte. Formulieren Sie für jeden Abschnitt eine Überschrift.

1. Abschnitt: Konrektor Paulmann kritisiert Anselmus als weltfremden Sonderling. Registrator Heerbrand widerspricht und weist auf mögliche Chancen des Anselmus hin, in der sozialen Hierarchie aufzusteigen. (Z. 14)
2. Abschnitt: Der Name des Studenten löst in Veronika Hoffnung auf dessen Zuneigung aus und führt zu einem Wachtraum. Sie malt sich ein materiell gesichertes Leben mit Verbindungen zu den besten Kreisen der Stadt als Frau des künftigen Hofrates Anselmus aus. (Z. 15–37)
3. Abschnitt: Durch eine Bemerkung ihres Vaters wird sie aus ihren Träumen gerissen. Anselmus kommt zu Besuch. (Z. 38–42)

Teilschritt: Zusammenhang in der Erzählung klären (→ 1. Teilaufgabe)

Ort und Zeit des Geschehens:
- Im Haus des Konrektors Paulmann, nachmittags

Vorgeschichte/Stellung in der Erzählung:
- Bisher: der Student Anselmus mit seinen phantastischen Erlebnissen im Mittelpunkt
- Textausschnitt: das Bürgertum – Konrektor Paulmann, seine Tochter, Registrator Heerbrand. Die Handlung um diese gut situierten Bürger der Dresdener Gesellschaft stellt einen Gegenpol zum bisherigen Geschehen dar.
- Die Gestalt des Anselmus wird aus der Sicht der Bürger beleuchtet.

Folgen für die weitere Handlung:
- Veronika sieht sich als Hofrätin, ist aber verunsichert und zieht Magie zu Rate: Sie hätte die Möglichkeit, die Wunderwelt zu erfassen.
- Heerbrand und Paulmann bleiben in ihrer beschränkten Bürgerlichkeit.
- Die Sicht der drei Figuren auf Anselmus zeigt die Gegenwelt, die sich dem Helden als Alternative bietet, die er dann „im Kristall" als beengt erfährt.

Stellenwert der Szene in der Gesamtheit der Erzählung:
- Die Szene zeigt die platte Welt des Nützlichen. Damit wird dem Leser der Kontrapunkt zur phantastischen Welt des Inneren eröffnet. Es baut sich eine Spannung für den weiteren Handlungsverlauf auf.
- Die Beziehung zwischen Anselmus und Veronika rückt in den Blick des Lesers. So kommt ein weiteres Spannungsmoment auf der Figurenebene hinzu: Wird sich Anselmus für Veronika oder für Serpentina entscheiden? Welches der beiden Mädchen liebt er wirklich?

Zentrale Konflikte:
- Die Stellung des Anselmus zwischen Bürgerwelt und Wunderwelt wird deutlich. Der Kampf beider Welten um die Figur.
- Die Entwicklung des Helden aus der Enge der bürgerlichen Existenz zum Poeten.

Teilschritt: Dialog und Erzählerbericht untersuchen (→ 2. Teilaufgabe)

Im Mittelplunkt des Gesprächs und der Gedanken der Freunde steht der Student Anselmus

Teil 1 (Z. 1–14) Die Unterhaltung zwischen Paulmann und Heerbrand: Es wird deutlich, dass Anselmus in den Augen der beiden ein Sonderling ist. Weil er aber vom angesehenen Archivarius geschätzt wird, könnte er Karriere machen. Somit können sie ihn akzeptieren.

Teil 2 (Z. 15–39) Veronikas Wachtraum – ihre Gedanken: Veronika fühlt sich zu Anselmus hingezogen, sieht sie in einem Leben mit ihm doch die Chance für bürgerliches Ansehen und Wohlstand.

Teil 3 (Z. 39–42) Alltagswirklichkeit: Anselmus erscheint. In diesen Traum Veronikas bricht die Wirklichkeit in Gestalt des Anselmus ein. Dieser abrupte Übergang ist ein ironischer Kontrast zu dem Gespräch und dem Traum. Veronika erkennt, dass ihr Traummann verändert ist und erschrickt.

Fazit:

Die Gruppe bildet einen Gegenpol zur phantastischen Welt des Archivarius und seiner Tochter. Der Leser ahnt, wie Anselmus' späteres Leben aussehen könnte. Die Spannung wird aufrechterhalten. Durch die verschiedenen Blickwinkel der Figuren auf Anselmus wird seine besondere Persönlichkeit deutlich. Für den Leser stellt sich die Frage, ob er sich in die bürgerliche Umwelt einfügen wird.

Teilschritt: Figurendarstellung untersuchen (→ 2. Teilaufgabe)

Die beiden männlichen Figuren sind typisiert gezeichnet. Sie haben keine Vornamen, ihre Individualität beschränkt sich auf ihre Amtsbezeichnung. Sie gehen höflich und offen miteinander um. Sie sind gleichberechtigte Gesprächspartner. Ihre Sprache ist gestelzt-bürokratisch.

Konrektor Paulmann

- Er ist bestimmt durch Nützlichkeitsdenken, die Orientierung an gesellschaftlichen Normen und Karrierebewusstsein. So erscheint ihm Anselmus unfähig („Mit dem Anselmus ist … nichts anzufangen"), obwohl dieser die nötigen Voraussetzungen („die besten Schulstudia") erfüllt.

Registrator Heerbrand

- Auch für ihn sind gesellschaftliche Verbindungen und Aufstieg wichtig. Er bewertet Anselmus milder, da der einflussreiche Archivarius („bedenken Sie des Archivarii Konnexionen") diesen gelobt hat. Die Aussicht, Anselmus könnte Hofrat werden, lässt Paulmann „vor Erstaunen … verstummen".

Veronika wird durch ihre Vorstellungen von einem bürgerlichen Privatleben charakterisiert: Der Leser kennt sie nur mit dem Vornamen.

- Veronikas Ideal ist die standesgemäße Heirat („aus dem noch was Großes wird") mit einem Mann von angenehmem Äußeren. Für sie bedeutet Glück die Erfüllung banaler Bedürfnisse wie modische Kleidung, eine komfortable Wohnung, Personal, gesellschaftliche Verbindungen. Materielle Geschenke sind für sie ein Liebesbeweis. Sie erschrickt, als sie den eintretenden Anselmus sieht. Sie spürt, dass seine Veränderung eine Bedrohung für ihre Pläne sein könnte.

Anselmus

- Anselmus ist in seinem Wesen verändert: vorausgegangen ist die Szene unter dem Holunderbaum, die Begegnung mit dem Archivarius Lindhorst.

Fazit:

Die Szene zeigt drei Figuren in bourgeoiser Selbstzufriedenheit. Materielle Sicherheit, Erfüllung von Konventionen und gesellschaftliche Anerkennung sind ihr Ideal. Sie stehen in Kontrast zur Welt des Phantastischen, der Poesie, vertreten durch den Archivarius und seine Tochter.

Teilschritt: Erzähltechnische Gestaltung untersuchen (→ 2. Teilaufgabe)

Darstellungsform: Die szenische Darstellung bietet Nähe zum Geschehen.
Erzählform: Die Er-Erzählform erlaubt dem Leser gleichzeitig einen Überblick über die Szene.
Erzählperspektive: Im ersten Teil – dem Gespräch – herrscht Außensicht. Der Leser erschließt die Figuren aus Rede/Gegenrede und knappem Erzählerbericht. Im zweiten Teil erfährt man durch Innensicht die Gedanken und Gefühle Veronikas. Im dritten Teil berichtet der Erzähler in Außensicht die Ankunft Anselmus' und mit Innensicht die Reaktion Veronikas.
Erzählverhalten: auktorial. Der Erzähler ist allwissend, gibt Bewertungen über die Freunde ab.
Erzählhaltung: Die Wertungen des Erzählers geben dem Leser die Richtung vor: Mit feiner Ironie werden die Figuren durch die Beschreibung ihrer prosaischen Ideale und Träume gezeichnet. (z. B. durch adverbiale Bestimmung: „den vor Erstaunen und Neugierde verstummten Konrektor im Stuhle festgebannt ..."; Veronika, z. B. durch Vergleich: „... wie junge Mädchen wohl pflegen, ...") Dabei werden die Figuren durchaus mit Sympathie gezeichnet.
Zeitgestaltung: Die Handlung spielt an einem Nachmittag.
Raum: Der Ort ist genau bestimmt: ein Zimmer im Haus des Konrektors Paulmann in Dresden

Teilschritt: Sprachlich-stilistische Gestaltung untersuchen (→ 2. Teilaufgabe)

Erzählmittel	Text	Deutung
Beschreibung	Veronika überließ sich ganz, wie junge Mädchen wohl pflegen, den süßen Träumen von	→ Iron. Erzählerkommentar
Gesellschaftl. Position	einer heitern Zukunft. Sie war Frau Hofrätin, bewohnte ein schönes Logis in der	→ Sehnsucht nach gesellschaftlicher Anerkennung
Szene	Schlossgasse, oder auf dem Neumarkt, oder auf	
Attribute	der Moritzstraße – der moderne Hut, der neue	→ Exklusivität, Komfort
	türkische Shawl stand ihr vortrefflich – sie	→ Wunsch nach Wohlstand
	frühstückte im eleganten Neglige im Erker, der Köchin die nötigen Befehle für den Tag	→ materialistische Werte
Wörtliche Rede, Befehl	erteilend. „Aber dass Sie mir die Schüssel nicht verdirbt, es ist des Herrn Hofrats Leibessen!" –	→ anschaulich, lebendig, die Figur charakterisierend
	Vorübergehende Elegants schielen herauf, sie	→ Nähe des Lesers
Wechsel ins Präsens	hört deutlich: „Es ist doch eine göttliche Frau,	→ Wunsch nach Bewunderung
	die Hofrätin, wie ihr das Spitzenhäubchen so	→ Selbstverliebtheit
wörtl. Rede	allerliebst steht!" – Die geheime Rätin Ypsilon	
	schickt den Bedienten und lässt fragen, ob es	→ lebendige Darstellung
	der Frau Hofrätin gefällig wäre, heute ins Linkische Bad zu fahren? – „Viel	→ Wunsch: gesellschaftliches Ansehen, Position
Dialog	Empfehlungen, es täte mir unendlich leid, ich sei schon engagiert zum Tee bei der Präsidentin Tz." – ...	→ Beliebtheit in den anerkannten Kreisen der Stadt
Sprung in die Realität	„Nun was soll denn das sein", sagte der Konrektor Paulmann, ...	→ Zerstörung des Traums, Sturz in die Alltagswelt: Ironie

Fazit: Wünsche zeigen Veronikas Sehnsucht, etwas Besonderes, gesellschaftlich anerkannt zu sein, bewegen sich im Rahmen ihres häuslichen Daseins

Teilschritt: Themen und Motive untersuchen (→ 2. Teilaufgabe)

Beispiel:
- Motiv des beschränkten Bürgers (Philisters)
- Realität als Auslöser der Phantasie (hier aber auf banaler Ebene)
- Prosaische Alltagswelt im Kontrast zur phantastischen Welt der Poesie

Teilschritt: textüberschreitende Aspekte untersuchen (→ 2. Teilaufgabe)

- Die Struktur der Erzählung: Der Wechsel von märchenhaft-phantastischer und realistischer Welt wird konsequent zu einer Entwicklungsgeschichte des Anselmus zum Poeten gestaltet.
- Die Figur des Philisters in der Literatur der Romantik, die Kritik der Romantiker am Philister
- Bezug zum Autor: E. T. A. Hoffmann übte einen bürgerlichen Beruf aus, gehörte zur Bürgerschaft, gleichzeitig war er künstlerisch tätig.
- Andere Werke des Autors: Aspekt der „ironischen Unterwanderung", z. B. in „Ansichten des Katers Murr"

Teilschritt: Deutungsthese formulieren (→ 2. Teilaufgabe)

Im Textausschnitt wird am Beispiel des Freundeskreises um den Konrektor Paulmann die bürgerliche Welt charakterisiert, die einen Gegenpol zur phantastisch-poetischen Welt bildet. Anselmus hat Teil an beiden Welten: Er liebt bürgerliche Vergnügungen (Pfeife, Doppelbier), wird aber immer hellsichtiger für die Erscheinungen der phantastischen Welt. Er entwickelt sich zum Poeten. Im Textauszug wird dies bereits angedeutet. Veronika spürt sofort seine Veränderung.

1. → 2. → **3. Den Vergleich vorbereiten** → 4. → 5. → 6.

Teilschritt: Den Außentext analysieren und auf den Textausschnitt beziehen

Rüdiger Safranski: Romantik.
Eigenschaften des Philisters
- *der sich ganz der Nützlichkeit verschreibt*
  → Paulmann, Heerbrand, Veronika: Gesellschaftlicher Status, materielle Güter, Karriere sind wichtig.
- *Leute, die sich das Staunen und die Bewunderung verbieten ... ihnen ist auch jeder suspekt, von dem sie glauben, dass er zu viel Fantasie hat.*
  → Anselmus wird als Sonderling bewertet, nur das Lob des angesehenen Archivarius lässt die Freunde aufhorchen. Sie versuchen nicht, ihn zu verstehen.

- *Es ist der Umkreis ihrer lieben Gewohnheiten, in welchem sie sich ewig herumdrehen.*
  → Der Kreis um Konrektor Paulmann wird durch einfache Vergnügen charakterisiert: Kleine Feste, Zusammenkünfte bei Pfeife und Tabak, Kaffeetafel. Auch Veronikas Wachtraum geht nicht über ihre Welt hinaus.
- *Die Philister sind Menschen ohne Transzendenz*
  → Die Figuren haben keinen Zugang zu der poetischen Welt. Heerbrands Phantasie entfaltet sich auf banaler Ebene (Akten wiederfinden), Veronika bleibt auf der Ebene der Alltagswelt, wenn sie eine Wahrsagerin aufsucht.

Teilschritt: Vergleich zwischen „Der goldene Topf" und „Der Steppenwolf"

„Der goldene Topf"	*„Der Steppenwolf"*
- Im Mittelpunkt: Anselmus und seine Entwicklung zum Dichter	- Im Mittelpunkt: Der Künstler Harry Haller auf dem Weg zur Selbsterkenntnis
- Anselmus schwankt zwischen der Alltagswelt und der Welt des Phantastisch-Poetischen.	- Haller denkt zunächst nur eindimensional, erkennt nicht die vielen Facetten seines Wesens.
- Anselmus hat teil an beiden Welten: Er ist Bürger, empfindet aber auch die Enge des bürgerlichen Lebens („im Kristall").	- Haller fühlt sich als Außenseiter, verachtet den Bürger, sehnt sich aber gleichzeitig nach der Ordnung der bürgerlichen Welt.
- Verwirrung, Hin- und Hergerissensein zwischen beiden Welten	- Verzweiflung als Ausgangspunkt der Entwicklung, Zerrissenheit, Nähe zum Suizid
- Hilfe durch die Liebe zu Serpentina	- Hilfe durch Hermine
- Figur des Anselmus: Romantische Theorie der Poetologie. Er durchläuft die Entwicklungsgeschichte zum Poeten.	- Tiefenpsychologische Begründung der Figur Hallers. Hermine bezeichnet ihn als einen Menschen „mit einer Dimension zu viel".

1. → **2.** → **3.** → **4. Gliederung erstellen** → **5.** → **6.**

Hauptteil

1. Teilaufgabe

a) Einordnung der Textstelle in den Handlungszusammenhang der Erzählung
- Anselmus in der Dresdner Alltagswelt
- Die poetische Naturwahrnehmung: Der Holunderbaum
- Die poetische Kunstwahrnehmung: Im Haus des Archivarius
- Zerrissenheit des Anselmus: Spannung zwischen Realität und poetischer Welt
- Die bürgerliche Gegenwelt: Die Philister
- Die weitere Entwicklungsgeschichte des Anselmus zum Poeten

b) Inhaltszusammenfassung der Textstelle
- Anselmus im Fokus des Gesprächs zwischen Paulmann und Heerbrand
- Veronikas Wachtraum: Ein Leben an der Seite des Anselmus
- Anselmus erscheint.

c) Stellenwert der Textstelle in der Erzählung
- Die prosaische bürgerliche Welt mit ihren Wertvorstellungen als Gegenpol zur poetischen Welt: Kritik der Romantik am Philistertum
- Anselmus im Mittelpunkt → Spannung in Bezug auf den weiteren Handlungsverlauf
- Der veränderte Anselmus: die poetische Dimension in der bürgerlichen Existenz

2. Teilaufgabe

a) Inhalt/Deutung
- Kristallisationspunkt des Gesprächs ist die Figur des Anselmus. → Paulmann und Heerbrand zeigen ihre Wertmaßstäbe: Karriere, sozialer Aufstieg, Nützlichkeit
- Veronikas Wachtraum kreist um Anselmus → Er verrät ihre Ideale: Wohlstand, gesellschaftliches Ansehen → Sie hat ein Gespür für die andere Dimension, erkennt sie aber nicht.
- Fazit: Die Bürger sind an äußerlichen Werten orientiert. Sie sehen nur ihre prosaische Alltagswelt, sind blind für die Möglichkeiten einer poetischen Existenz.

b) Erzählerische Mittel
- Er-Erzählform; Darstellungsform: szenische Darstellung
- Außensicht: Rede – Gegenrede; Indirekte Eigencharakterisierung: Gespräch; gestelzte Sprache
- Innensicht: Erlebte Rede, gefühlsbetont: Satzbau, farbig durch Attribute

c) Deutungsthese
- Im Mittelpunkt steht die Beschreibung der bürgerlichen Welt als Kontrastfolie zur poetischen Welt. Die poetische Welt stellt eine Möglichkeit für das Leben des Anselmus dar.

3. Teilaufgabe

a) Auswertung des Außentextes mit Bezug auf den Textausschnitt
- Die Philister bewerten Menschen unter dem Aspekt des Nützlichen → Anselmus ist „in der Welt" zu nichts nutze
- Sie sind ohne Phantasie, es zählen nur Fakten → Paulmann, Heerbrand: Karriere → Veronika: Phantasie beschränkt sich auf materielle Werte.
- Sie betreiben die Perpetuierung ihrer bürgerlichen Welt → Veronikas Wachtraum
- Sie sind unfähig, an der poetischen Welt teilzuhaben

b) Vergleich unter dem Aspekt der Sicht auf das Bürgertum in „Der goldene Topf" und „Der Steppenwolf"
- „Der goldene Topf": die bürgerliche und die künstlerische Welt stehen gleichberechtigt nebeneinander, Anselmus hat Anteil an beiden, kann sie integrieren: wird zum Dichter
- „Der Steppenwolf": Harry Haller lehnt die bürgerliche Welt ab, ist aber gleichzeitig Bürger: Zerrissenheit, Antagonismen im Inneren, die Haller nicht aufzulösen vermag.

Schluss

Zusammenfassender Vergleich
- Anselmus: Entwicklung zum Poeten (Poetologisches Konzept der Romantik)- Problemlösung in der Harmonie von Kunst und Natur
- Harry Haller: auf dem Weg zur Selbsterkenntnis (tiefenpsycholog. Blick) – keine Lösung

Einleitung

„Der Herr ist wohl nicht recht bei Troste!" ruft eine Bürgersfrau missbilligend aus, als sie den Studenten Anselmus unter dem Holunderbaum erblickt, wie er sehnsüchtig in die Zweige hineinruft. Hier zeigt sich das Problem der Erzählung „Der goldene Topf" von E. T. A. Hoffmann aus dem Jahr 1814. Das Benehmen des jungen Mannes ist seiner Umgebung ein Rätsel. Die Beobachter der Szene können sich sein Verhalten nur als Ausbruch von Wahnsinn erklären. Damit wird auch das Handlungsschema der Erzählung deutlich: In dem „Märchen aus der neuen Zeit" geht es um die Duplizität der Welterfahrung. Es stehen zwei Welten nebeneinander: die beschränkte bürgerliche Welt und die freie des Künstlers. Der Gegensatz konkretisiert sich in der Entwicklungsgeschichte des Anselmus vom Studenten zu einem Mann, der sich immer mehr seines Dichtertums bewusst wird. Dies geschieht stufenweise in einem dramatischen Hin- und Hergerissensein zwischen diesen zwei Welten. Die spannende Frage ist dabei, wie verhalten sich beide Welten zueinander, welche Bedeutung hat die realistische Welt der genauen Orts- und Zeitangaben für die Entwicklung des Poeten?

Hauptteil:

1. Teilaufgabe

Einsam unter einem Holunderbaum am Elbeufer vor der Stadt Dresden raucht der Student Anselmus am Himmelfahrtstag seine Pfeife. Sein Blick wird in die Zweige des Baumes gezogen, als ihm überraschend drei kleine gold-grüne Schlangen in den Zweigen erscheinen. Ihr Tanz, von überirdischen Klängen begleitet, und die herrlichen Augen einer Schlange wecken Gefühle höchster Seligkeit und tiefsten Schmerzes in Anselmus. Schon in dieser Eingangsszene wird deutlich, dass hier die prosaische Wirklichkeit – der Rasenplatz unter einem Holunderbaum – und die innere Welt – die romantisch-wunderbare Welt der Imagination – in einer geheimnisvollen Wechselwirkung stehen, die auch die Figuren bestimmt. Da ist der Archivarius Lindhorst, der als angesehener Bürger der Stadt gleichzeitig ein Zauberer und der Vater Serpentinas, der Schlange mit den wunderbaren Augen, ist. Anselmus erhält einen Arbeitsauftrag in seinem Haus, geht dort in eine Lehre des Schreibens und erlebt ein Zauberreich. Er verliebt sich in Serpentina, die nun als wunderschönes junges Mädchen erscheint. Im weiteren Verlauf durchlebt der Student verschiedene Stationen der Entwicklung zum Poeten: Von der unbewussten Wahrnehmung der Natur in der Szene unter dem Holunderbaum über ein wichtiges Bildungserlebnis im Haus des Archivarius kommt Anselmus zu gesteigerter poetischer Wahrnehmung und schließlich zu einer ersten poetischen Produktion, wenn er dem Archivarius seine Erfahrungen unter dem Holunderbusch beschreibt. Nach einem Stadium der Realitätsfixierung in der bürgerlichen Welt, das er als Gefangenschaft in einer gläsernen Flasche erlebt, entscheidet er sich mithilfe Serpentinas für die poetische Dimension, die zu einem Leben in Atlantis, der Sphäre der Poesie, führt. In dieser Welt sind Natur und Kunst in Harmonie verbunden. Während seiner Entwicklung bewegt er sich in einem Spannungsfeld zwischen dem Wunderbaren und der prosaischen Wirklichkeit. In der Welt des Realen ist er eingebunden in einen Freundeskreis, der aus dem Konrektor Paulmann, dessen Tochter Veronika und dem Registrator Heerbrand besteht. Zunächst glaubt er, Veronika zu lieben. Auch Veronika fühlt sich zu Anselmus hingezogen, träumt von einer gemeinsamen Zukunft. Sie ist am Ende aber völlig zufrieden mit einem bürgerlichen Leben an der Seite Heerbrands.

2. Teilaufgabe

Der vorliegende Textausschnitt thematisiert eine nachmittägliche Zusammenkunft des Dresdner Freundeskreises des Anselmus. Einmal erfährt der Leser durch Außensicht die beiden männlichen Figuren im Gespräch, dann erhält er Einblick in die Gedanken und Gefühle Veronikas. Am Ende erscheint Anselmus. Der Leser erfährt, dass Veronika eine Veränderung an ihm bemerkt und darüber erschrickt. Die Szene erhält eine mehrfache Funktion. Die Welt der Bürger und ihre Wertvorstellungen, bestimmt durch Materialismus, Karriere und hierarchisches Denken, werden hier auf ironische Weise beschrieben. Damit wird die romantische Kritik am Philister fassbar. Diese Welt steht im Kontrast zur poetischen Welt des Archivarius und seiner Tochter, in die Anselmus überraschend gerät und die ihn verändert. Dies ist ein wichtiger Hinweis auf seine Entwicklung und die Möglichkeit einer poetischen Dimension in einer prosaischen Existenz als Bürger. Gleichzeitig baut sich eine Spannungskurve auf. Der Leser kann sich nun vorstellen, wie Anselmus' Leben verlaufen könnte, würde Veronikas Traum wahr. Er fragt sich, wie sich Anselmus entscheiden wird. Der Textausschnitt besteht aus drei Teilen, die weitgehend als szenische Darstellung mit Rede und Gegenrede gestaltet sind, sodass die Figuren sich durch Sprache und Verhalten selbst charakterisieren und sie dem Leser lebhaft vor Augen treten. Der Erzähler lenkt nur knapp mit einigen wertenden Bemerkungen. Im Zentrum des Gesprächs der beiden Freunde und der Gedanken Veronikas steht die Person des Anselmus. Nach Ansicht des Konrektors Paulmann ist der Student Anselmus „in der Welt" (Z. 1) zu nichts zu gebrauchen. Er erkennt die ausgezeichnete Schulbildung des jungen Mannes an, sie ist seiner Meinung nach die Basis für einen Aufstieg, aber er beklagt heftig, dass sich Anselmus nicht anpasst und sich nicht nach seinen Ratschlägen richtet. Gegen Ende der Szene spricht er sogar von „Anfällen" des Studenten. Einmal wird hier der Charakter des Anselmus als Kontrastfigur zum bürgerlichen Konrektor betont, es wird aber auch deutlich, dass für Veronikas Vater nur jemand zählt, der seinen Aufstieg in der Hierarchie der Gesellschaft im Auge hat. Umso überraschter ist er durch den Widerspruch des Registrators Heerbrand, der die Möglichkeit einer Karriere zum Hofrat für Anselmus ins Gespräch einbringt. Seine Überraschung wird im abgebrochenen Satz deutlich und durch den Erzählerbericht noch betont: „Hof-" fing der Konrektor im größten Erstaunen an, das Wort blieb ihm stecken." (Z. 7 f.) Durch die adverbiale Bestimmung „im Stuhle festgebannt" (Z. 14) zeigt der Erzähler, wie perplex Paulmann über die Bemerkung des Registrators ist, denn Anselmus entspricht in keiner Weise seinen Vorstellungen von einem erfolgversprechenden jungen Mann. In ähnlicher Weise ist auch Heerbrand einem bürgerlichen Denken von Karriere und Materialismus verpflichtet. Auch für ihn ist Anselmus „ein kurioses Subjekt" (Z. 6), das die gesellschaftlichen Konventionen nicht erfüllt. Heerbrand traut dem Studenten aber mehr zu, nicht weil er seinen Charakter schätzt, sondern weil der angesehene Archivarius Lindhorst den jungen Mann lobend erwähnt hat. Da der Archivarius über „Konnexionen" (Z. 12) verfügt, hat Anselmus in den Augen Heerbrands gute Karrierechancen und wird deshalb akzeptiert. Beide Figuren werden nicht als Individuen mit Vornamen, sondern durch ihre Amtsbezeichnung eingeführt, was sie als Typen des Bürgertums ausweist. Bezeichnend ist ihre gestelzte Redeweise. Ebenso beweist Veronika mit ihrem Wachtraum, dass sie dem bürgerlich-konventionellen Denken verhaftet ist. Dies wird deutlich an ihren Gedanken und Gefühlen. Der Erzähler ordnet sie mit einer ironischen Bemerkung („wie junge Mädchen wohl pflegen", Z. 21) dem Kreis der jungen Frauen zu, die von Versorgungsdenken und der Sehnsucht nach Wohlstand und gesellschaftlichem Ansehen geprägt sind. Dies geschieht in erzähltechnisch äußerst geschickter Weise, indem der Erzähler gleichsam verschwindet und den Wachtraum aus der Perspektive der Figur überwiegend in szenischer Darstellung in den Vordergrund treten lässt. Er wird zunächst im Präteritum eingeleitet und erhält auf diese Weise

Wirklichkeitscharakter: „Sie war Frau Hofrätin, bewohnte ein schönes Logis ....(Z. 22) Im weiteren Verlauf geht die Erzählung ins Präsens über. („Elegants schielen herauf", Z. 26) Dadurch fühlt sich der Leser direkt in die Szene versetzt, er erlebt die Aktualität der imaginierten Handlung. Veronika ist überzeugt, dass Anselmus ein Mann ist, „aus dem noch was Großes wird". (Z. 17) Ihre Zuneigung gilt also der standesgemäßen Heirat, der gesellschaftlichen Position. Diese Sehnsucht erfüllt sich ironischerweise, denn am Ende wird sie zwar nicht Anselmus, sondern den Registrator Heerbrand heiraten, aber sie wird „Frau Hofrätin". Sie träumt von modischen Kleidern, einer Wohnung in einer der vornehmen Gegenden Dresdens und eigenem Personal. Das heißt, auch ihr Ideal sind materielle Dinge und gesellschaftliche Verbindungen. Dabei stützen ausschmückende Attribute („moderner Hut", „türkischer Shawl", „elegantes Negligé") die Vorstellungskraft des Lesers. Ein ironischer Wink wird deutlich, wenn man eine gewisse eitle Selbstverliebtheit der Figur konstatieren muss: Veronika sieht sich von jungen Männern als „göttliche Frau" umschwärmt, der das „Spitzenhäubchen so allerliebst steht." (Z. 27 f.) So kommt bei Veronikas Vorstellung noch die Betonung der kleinbürgerlichen Gemütlichkeit hinzu. Der Traum ist steigernd aufgebaut. Als Höhepunkt imaginiert Veronika eine Szene mit ihrem zukünftigen Mann, der sie etwas liebevoll-herablassend als „Weibchen" tituliert, als er ihr modische Ohrringe schenkt. Wie sehr sie emotional von diesem Traum berührt ist, zeigt sich in ihrem Entzückensschrei, der den Leser zurück in die Wirklichkeit der Paulmannschen Häuslichkeit katapultiert und den ihr Vater nüchtern als „Anfall" charakterisiert. Sachlich konstatiert der Erzähler zum Abschluss der Szene das plötzliche Erscheinen des Anselmus und das Erschrecken Veronikas. Sie nimmt eine Veränderung an ihrem Traumprinzen wahr, die ihr Angst macht. Sie kann diese Veränderung aber nicht benennen. Dieser Hinweis des Erzählers macht deutlich, dass Veronika durchaus die Möglichkeit hätte, der wunderbaren Welt des Poetischen näherzukommen, aber wie bei Heerbrand erschöpft sich ihre Phantasie im Banalen. Ihre schlichte Beziehung zur Welt des Wunderbaren zeigt sich, wenn sie später eine Wahrsagerin aufsucht.

Der Wechsel zwischen realer Situation und der von Veronika imaginierten Szene, die materiellem Wunschdenken entspringt, spiegelt in banaler Weise die Duplizität der Welterfahrung wider, die Anselmus durchlebt. Im Gegensatz zu seinen wunderbar-poetischen Erlebnissen unter dem Holunderbaum oder in Lindhorsts Haus gelingt Veronika in der Begrenztheit ihrer Imagination aber nur ein prosaischer Traum von bürgerlichem Wohlstand. Die Szene zeigt Figuren in ihrer wirklichkeitssatten, bourgeoisen Sebstzufriedenheit. Doch bei aller Ironie und der damit verbundenen Kritik an den Figuren und ihren prosaischen Bedürfnissen erscheinen sie dennoch liebenswert in einer freundlichen Atmosphäre. Auch der Held der Erzählung, Anselmus, ist ein Bürger und hat handfeste Wünsche wie eine Schale Kaffee, sein Pfeifchen und ein Doppelbier. Damit zeigt der Dichter, dass beide Welten zusammengehören, dass in jedem Poeten auch ein Anteil des Bürgers, des Philisters, steckt. Durch diesen Kontrapunkt der Alltagswelt der Philister erhält die phantastische Welt des Poeten erst ihre Entwicklungschance und Bedeutung. Entscheidend ist, dass es sich bei diesen beiden Sphären um ein Nebeneinander handelt: Das Wunderbare und die Alltagswelt sind gleichwertig. In seiner Erzählung „Die Serarpionsbrüder" erklärt Hoffmann, wie er diese Duplizität versteht: „Es gibt eine innere Welt und die geistige Kraft, sie in voller Klarheit, in dem vollendetsten Glanze des regesten Lebens zu schauen, aber es ist unser irdisches Erbteil, daß eben die Außenwelt, in der wir eingeschachtet, als der Hebel wirkt, der jene Kraft in Bewegung setzt." Auch der Dichter E. T. A. Hoffmann hat in der Spannung dieser Duplizität gelebt. Als hochbegabter Künstler mit literarischen, musischen und zeichnerischen Begabungen ausgestattet, war er z. B. im preußischen Justizdienst oder als Kapellmeister tätig.

3. Teilaufgabe

Die Welt der Philister in der romantischen Literatur ist auch Gegenstand der Auseinandersetzung in der Sekundärliteratur. So nennt Rüdiger Safranski als ein wichtiges Charakteristikum des Bürgers, dass er „der Nützlichkeit verschrieben" sei. Der Kreis des Konrektors Paulmann mit seinen Idealen von gesellschaftlicher Karriere und materiellen Gütern ist ein Beleg für diese Eigenschaft. Wenn Paulmann von den „Anfällen" des Anselmus spricht und ihn für wahnsinnig hält, wenn Heerbrand ihn als „Sonderling" bezeichnet, zeigen beide, dass sie in ihrer prosaischen Welt befangen sind und keinen Zugang zur poetischen Welt haben. Mit Safranskis Worten ist ihnen „jeder suspekt", der Phantasie hat. Der Registrator Heerbrand beweist seine spezielle Dimension von Phantasie durch einen Wachtraum, in dem ihm einfällt, wo er eine verlegte Akte findet. In Veronikas Wachtraum wird deutlich, was Safranski als „Herumdrehen" im „Umkreis ihrer lieben Gewohnheiten" nennt. Sie ist nicht in der Lage, über den Rand ihres häuslichen Daseins hinauszusehen und sich andere Dimensionen vorzustellen, wenn sie von einem Leben in bürgerlichem Wohlstand träumt, der ihrem Leben als Tochter des Konrektors ähnlich ist. Neue Erfahrungen machen ihr Angst. Damit sind diese drei Figuren „Menschen ohne Transzendenz", d. h. Personen, die nur das gelten lassen, was ihrer Erfahrungswelt entspricht. „Sie machen höchstens Karriere, eine bürgerliche Schwundstufe von Verwandlung." (Safranski) Und um mit Hoffmann zu sprechen: Sie sitzen im Kristall. Diesen Zustand „im Kristall" der bürgerlichen Begrenztheit erlebt Anselmus als einengend und beängstigend. Damit hat er eine Gemeinsamkeit mit dem Protagonisten in Hermann Hesses Roman „Steppenwolf". Auch der Künstler und Intellektuelle Harry Haller gehört zum Bürgertum und empfindet dessen Beschränktheit als beklemmend. Aber im Gegensatz zu Anselmus verachtet er die bürgerliche Welt, sehnt sich aber gleichzeitig nach ihrer Ordnung und Sauberkeit und muss anerkennen, dass sie ein Teil seines Wesens ist. Der Steppenwolf ist einsam und fühlt sich als Außenseiter. Anselmus ist in die bürgerliche Gesellschaft integriert, er nimmt an ihren Vergnügungen teil und genießt sie. Erscheinungen der banalen Alltagswelt regen ihn zur Vision der poetischen Sphäre an. So macht er im Verlauf der Erzählung eine Entwicklung zum Dichter durch. Seine Selbstfindung ist durch ein Schwanken zwischen der Alltagswelt und dem Poetisch-Wunderbaren gekennzeichnet. Am Ende erreicht er den Idealzustand der Harmonie von Kunst und Natur. Auch Harry Haller erfährt eine Entwicklung. Als Mensch „mit einer Dimension zuviel" ist er Künstler, es bleibt aber am Ende offen, ob es Haller gelingt, zur Selbsterkenntnis zu gelangen, d. h. Einsicht in die vielfältigen Seiten seines Ichs zu gewinnen und sie zu akzeptieren.

Schluss

Damit liegt bei Hesse eine moderne tiefenpsychologische Begründung der Figur zugrunde, die keine Lösung des Problems zulässt, während es bei E. T. A. Hoffmann um die beispielhafte Entfaltung eines poetologischen Konzepts – die Harmonie von Kunst und Natur als Lösung – geht.

1. → **2.** → **3.** → **4.** → **5.** → **6. Klausur überarbeiten**

Hinweise zur Überarbeitung finden Sie auf S. 15.

Musterklausur 3

E.T.A. Hoffmann: Der goldene Topf (Textauszug)

In dem Augenblick schritt der Feuerlilienbusch auf ihn zu, und er sah, dass es der Archivarius Lindhorst war, dessen blumichter in Gelb und Rot glänzender Schfafrock ihn nur getäuscht hatte. „Verzeihen Sie, werter Herr Anselmus“, sagte der Archivarius, „dass ich Sie stehen ließ, aber vorübergehend sah ich nur nach meinem schönen Cactus, der diese Nacht seine Blüten aufschließen wird – aber wie gefällt Ihnen denn mein kleiner Hausgarten? – „Ach Gott, über alle Maßen schön ist es hier, geschätztester Herr Archivarius“, erwiderte der Student, „aber die bunten Vögel mokieren sich über meine Wenigkeit gar sehr!“ – „Was ist denn das für ein Gewäsche?“, rief der Archivarius zornig in die Büsche hinein. Da flatterte ein großer grauer Papagei hervor, und sich neben dem Archivarius auf einem Myrtenast setzend und ihn ungemein ernsthaft und gravitätisch durch eine Brille, die auf dem krummen Schnabel saß, anblickend, schnarrte er: „Nehmen Sie es nicht übel, Hr. Archivarius, meine mutwilligen Buben sind einmal wieder recht ausgelassen, aber der Hr. Studiosus sind selbst daran schuld, denn“ – „Still da, still da!“, unterbrach der Archivarius den Alten, „ich kenne die Schelme, aber Er sollte sie besser in Zucht halten, mein Freund! – gehen wir weiter, Hr. Anselmus!“ – Noch durch manches fremdartig aufgeputzte Gemach schritt der Archivarius, so, dass der Student ihm kaum folgen und einen Blick auf all die glänzenden sonderbar geformten Mobilien und andere unbekannte Sachen werfen konnte, womit alles überfüllt war. Endlich traten sie in ein großes Gemach, in dem der Archivarius, den Blick in die Höhe gerichtet, stehen blieb, und Anselmus Zeit gewann, sich an dem herrlichen Anblick, den der einfache Schmuck dieses Saales gewährte, zu weiden. Aus den azurblauen Wänden traten die goldbronzenen Stämme hoher Palmbäume hervor, welche ihre kolossalen, wie funkelnde Smaragden glänzenden Blätter oben zur Decke wölbten; in der Mitte des Zimmers ruhte auf drei aus dunkler Bronze gegossenen ägyptischen Löwen eine Porphyrplatte, auf welcher ein einfacher goldener Topf stand, von dem, als er ihn erblickte, Anselmus nun gar nicht mehr die Augen wegwenden konnte. Es war als spielten in tausend schimmernden Reflexen allerlei Gestalten auf dem strahlend polierten Golde – manchmal sah er sich selbst mit sehnsüchtig ausgebreiteten Armen – ach! neben dem Holunderbusch – Serpentina schlängelte sich auf und nieder ihn anblickend mit den holdseligen Augen. Anselmus war außer sich vor wahnsinnigem Entzücken. „Serpentina! – Serpentina!“, schrie er laut auf, da wandte sich der Archivarius Lindhorst schnell um und sprach: „Was meinen Sie, werter Hr. Anselmus? – Ich glaube, Sie belieben meine Tochter zu rufen, die ist aber ganz auf der andern Seite meines Hauses in ihrem Zimmer, und hat soeben Klavierstunde, kommen Sie nur weiter.“ Anselmus folgte beinahe besinnungslos dem davonschreitenden Archivarius, er sah und hörte nichts mehr, bis ihn der Archivarius heftig bei der Hand ergriff und sprach: „Nun sind wir an Ort und Stelle!“ Anselmus erwachte wie aus einem Traum, und bemerkte nun, dass er sich in einem hohen rings mit Bücherschränken umstellten Zimmer befand, welches sich in keiner Art von gewöhnlichen Bibliothek- und Studierzimmern unterschied. In der Mitte stand ein großer Arbeitstisch und ein gepolsterter Lehnstuhl vor demselben. „Dieses“, sagte der Archivarius Lindhorst, „ist vorderhand Ihr Arbeitszimmer, ob Sie künftig auch in dem andern blauen Bibliothekssaal, in dem Sie so plötzlich meiner Tochter Namen riefen, arbeiten werden, weiß ich noch nicht; aber nun wünschte ich mich erst von Ihrer Fähigkeit, die Ihnen zugedachte Arbeit wirklich meinem Wunsch und Bedürfnis gemäß auszuführen, zu überzeugen.“ Der Student Anselmus ermutigte sich nun ganz und gar, und zog nicht ohne innere Selbstzufriedenheit und in der Überzeugung, den Archivarius durch sein ungewöhnliches Talent höchstlich zu erfreuen, seine Zeichnungen und Schreibereien aus der Tasche. Der Archivarius hatte kaum das erste Blatt, eine Handschrift in der elegantesten englischen Schreibmanier, erblickt, als er recht sonderbar lächelte und mit dem Kopfe schüttelte. Das wiederholte er bei jedem folgenden Blatte, …

Aus: E. T. A. Hoffmann: *Der goldene Topf*, Klett Verlag, Stuttgart 2011, S. 41 f.

Novalis: „Blüthenstaub"-Fragment Nr. 23 (1798)

Der Mensch vermag in jedem Augenblicke ein übersinnliches Wesen zu sein. […] Je mehr wir uns dieses Zustandes bewusst zu sein vermögen, desto lebendiger, mächtiger, genügender ist die Überzeugung, die daraus entsteht – der Glaube an echte Offenbarungen des Geistes. Es ist kein Schauen – Hören – Fühlen – es ist aus allen dreien zusammengesetzt – mehr als alles Dreies – eine Empfindung unmittelbarer Gewissheit …

Aus: Novalis: *Werke*. Hrsg. v. C. Schulz, 4. Aufl. München 2011, S. 327

Aufgabenstellung

1. Interpretieren Sie die Textstelle, beziehen Sie das für das Verständnis Wesentliche aus der vorangehenden Handlung ein.
2. Erörtern Sie in einer vergleichenden Betrachtung, inwieweit die Auffassung vom Menschen als eines übersinnlichen Wesens im Sinne des Dichters Novalis auf Figuren in E. T. A. Hoffmanns Erzählung „Der goldene Topf" und Herrmann Hesses Roman „Der Steppenwolf" anwenden lässt.

1. Erstes Überfliegen des Textes – Aufgabenstellung erfassen → 2. → 3. → 4. → 5. → 6.

Überfliegen Sie den Textausschnitt und verschaffen Sie sich einen ersten Eindruck vom Text.

Wer	►	1. Figur
spricht	►	Textart
mit wem	►	2. Figur
in welcher Situation	►	Ort, Zeit, Handlung
worüber	►	Thema
wozu?	►	Intentionen, Interessen

Formulieren Sie anschließend eine oder mehrere Verstehenshypothesen.

Im Haus des Archivarius Lindhorst erlebt Anselmus die Realität eines bürgerlichen Hauses und gleichzeitig die Impressionen einer poetischen Welt. Der Archivarius ist in beiden Welten zu Hause.

Lesen Sie nun die Aufgabenstellung und achten Sie vor allem auf die Arbeitsanweisungen (Operatoren). Hinweise dazu finden Sie auf S. 4.

Teilschritt: Inhalt sichern (→ 1. Teilaufgabe)

1. Abschnitt: Anselmus wird vom Archivarius empfangen. (Z. 1–5)
2. Abschnitt: Anselmus beklagt sich über die Vögel, Lindhorst weist den Papagei zurecht. (Z. 6–15)
3. Abschnitt: Sie wandern durch einige Räume, bis sie den prächtigen Saal mit dem goldenen Topf erreichen. (Z. 15–25)
4. Abschnitt: Anselmus hat Visionen: Er sieht sich selbst, den Holunderbusch und Serpentina im Topf gespiegelt. (Z. 25–29)
5. Abschnitt: Der Archivarius holt ihn in die Wirklichkeit zurück. (Z. 29–38)
6. Abschnitt: Im Studierzimmer erteilt Lindhorst Anselmus den Arbeitsauftrag mit der Aussicht auf einen späteren Besuch des phantastischen Bibliothekssaales. (Z. 38–43)
7. Abschnitt: Anselmus zeigt dem Archivarius Schriftproben, dieser begutachtet sie stumm, scheint aber nicht zufrieden. (Z. 43–48)

Teilschritt: Zusammenhang in der Erzählung klären (→ 1. Teilaufgabe)

Ort und Zeit des Geschehens:
- Die Szene spielt an einem unbekannten Tag im Haus des Archivarius.

Vorgeschichte/Stellung in der Erzählung:
- Im Mittelpunkt der Erzählung stehen die Erlebnisse des Studenten Anselmus. Unter einem Holunderbaum am Ufer der Elbe vor der Stadt hat er ein phantastisches Erlebnis: Er sieht drei kleine grün-goldene Schlangen und hört zauberhafte Klänge. Seit diesem Nachmittag brennt er vor Sehnsucht nach einer der kleinen Schlangen. Er erhält ein Angebot als Kopist bei dem Archivarius Lindhorst. In dessen Haus mit phantastischen Tieren und Pflanzen sieht er die kleine Schlange wieder. Der Archivarius holt ihn aus seinen Visionen und bittet um Schriftproben.

Folgen für die weitere Handlung:
- Anselmus erhält den Auftrag und erlebt Dichterlehre. Er erfährt, dass die kleine gold-grüne Schlange, die seine Liebe entfacht hat, Serpentina, die Tochter des Archivarius, ist. Im Verlauf seiner Entwicklung schwankt der Student zwischen der realen und der Welt der Poesie. Nach Phasen der Verwirrung gelingt ihm mit Hilfe des Archivarius und seiner Tochter die Überwindung des Konfliktes. Anselmus erkennt und akzeptiert seine Berufung zum Dichter.

Stellenwert der Szene in der Gesamtheit der Erzählung:
- Die Szene bildet den Auftakt von Anselmus' Eintritt in die Welt der Poesie. Der Konflikt zwischen realer und phantastischer Welt, dem Anselmus ausgesetzt ist, wird deutlich.

Zentrale Konflikte:
- Konflikt zwischen der Alltagswelt und der Welt der Poesie
- Anselmus' Stand zwischen beiden Welten: Zeichen für den existenziellen Konflikt des Künstlers
- Der Archivarius Lindhorst als Mittler zwischen beiden Welten

Teilschritt: Erzählstruktur untersuchen (→ 2. Teilaufgabe)

Im Mittelpunkt steht die Begegnung des Studenten Anselmus mit dem Archivarius Lindhorst in dessen Haus. Im Wechsel von Erzählerbericht, szenischer Darstellung und Beschreibung werden die zwei Seiten der Figur Lindhorst anschaulich. Der Archivarius ist Herr der phantastischen Welt, gleichzeitig aber auch eine Figur der Wirklichkeit, die als Arbeitgeber auftritt. Für Anselmus bedeutet die Begegnung, dass er einer phantastischen Erlebniswelt inmitten der Alltagswelt hilflos ausgeliefert ist.

Im Zaubergarten
Realität/phantastische Welt
- Lindhorsts Erscheinung: Feuerlilienbusch – Schlafrock
- L. beherrscht die Zauberwelt: spricht mit einem Papagei, gibt diesem Befehle
- L. führt Anselmus weiter durch fremdartige Räume

⇨

Der Gang durchs Haus
Phantastische Welt/Vision
- prächtiger Saal: azurblau, kostbare Einrichtung, goldener Topf
- Gestalten gespiegelt im Gold: Anselmus, Holunderbusch, Serpentina
- Anselmus ist verzückt.

⇨

Im Bibliothekssaal
Realität
- Anselmus ist verwirrt
- Normales Arbeitszimmer
- L. eröffnet ihm Aussicht, Serpentina wiederzusehen
- L. als Arbeitgeber: Begutachtung der Proben

Fazit: Ambivalenz der Realität, Spannungsverhältnis von Realität und Wunderwelt bildet sich in der Handlungsstruktur ab. Die Märchenwelt ist eine Bewusstseinswelt.

Teilschritt: Figurendarstellung untersuchen (→ 2. Teilaufgabe)

Archivarius Lindhorst
- angesehener Bürger, Privatgelehrter, Archivarius der Stadt Dresden
- dominiert die Szene, ist der Hausherr, ist herrisch, wird leicht zornig (z. B. maßregelt den Papagei)
- macht Anselmus keine endgültige Zusage, besteht auf einer Probezeit
- gleichzeitig Herrscher über ein Zauberreich, rätselhaftes Auftreten: zunächst erscheint er als Feuerlilienbusch, spricht mit Vögeln, besitzt einen phantastischen Garten

Anselmus
- ist Gast im Haus des Archivarius, blickt demütig zu diesem auf
- vertraut ihm, spricht offen mit ihm über seinen Ärger mit den Vögeln

Fazit:
Im Archivarius kristallisieren sich Alltagswelt und Phantasiewelt des Poeten. Er dient gegenüber Anselmus als Vermittler zwischen beiden Sphären und ist das Ziel von dessen Entwicklungsprozess.

Teilschritt: sprachlich-stilistische Gestaltung untersuchen (→ 2. Teilaufgabe)

Erzählmittel	Text	Deutung
Personifikation/Indikativ	In dem Augenblick schritt der Feuerlilienbusch auf ihn zu, und er sah, dass es der Archivarius Lindhorst war, dessen	Phantasiegestalt als wirklich/ gleichzeitig bürgerlicher Beamter → Doppeldeutigkeit der Gestalt Lindhorsts
Detail: Kleidung	blumichter in Gelb und Rot glänzender Schlafrock ihn nur getäuscht hatte. „Verzeihen Sie, werter Herr Anselmus", sagte der Archivarius, „dass ich Sie stehen ließ, aber vorübergehend sah ich nur nach meinem schönen Cactus, der diese Nacht seine Blüten aufschließen wird – aber wie gefällt Ihnen denn mein kleiner Hausgarten? –	
Interjektion	„Ach Gott, über alle Maßen	→ A: Gefühlsausbruch
Superlativ	schön ist es hier, geschätztester Herr Archivarius", erwiderte der Student,	→ A: Hochachtung vor L.
Adversativpronomen	„aber die bunten Vögel mokieren sich über	→ A: Irritation durch Umgebung, bescheiden
Untertreibung	meine Wenigkeit gar sehr!" –	
Rhetorische Frage	„Was ist denn das für ein Gewäsche?", rief der Archivarius zornig in die Büsche hinein. Da flatterte ein großer grauer **Papagei** hervor, und sich neben dem	Lindhorst: weist zurecht, ist Gebieter über phantastische Welt
Personalisierung	Archivarius auf einem Myrtenast setzend und ihn ungemein **ernsthaft und gravitätisch durch eine Brille**, die auf dem krummen Schnabel saß, anblickend, **schnarrte er**: „**Nehmen Sie es nicht übel, Hr. Archivarius**, meine mutwilligen Buben sind einmal wieder recht ausgelassen, aber der Hr. Studiosus sind selbst daran schuld, denn" –	→ Zauberwelt mit sprechenden Tieren, die ihn als Herrn anerkennen
Imperativ, Wiederholung	„Still da, still da!", unterbrach der Archivarius den Alten,	Lindhorst – befiehlt
Anrede	„ich kenne die Schelme, aber Er sollte sie besser in Zucht halten, mein Freund! – gehen wir weiter, Hr. Anselmus!"	– ist herablassend: ist Gebieter

Fazit: Anselmus wird in die Zauberwelt hineingezogen. Er versteht den Papagei und den Archivarius, der mit dem Vogel spricht → Er erlebt diese Sphäre als Wirklichkeit. → Sie ist eine Bewusstseinswelt.

Teilschritt: erzähltechnische Gestaltung untersuchen (→ 2. Teilaufgabe)

Darstellungsform: Wechsel von: Bericht/Szene → Beschreibung → Szene/Bericht. Die zwei Welten, in denen Lindhorst zu Hause ist, werden deutlich. Sie werden als Wirklichkeiten dargestellt.

Erzählform: Die Er-Erzählform bietet dem Leser einen Überblick über das Geschehen.

Erzählperspektive: Außensicht auf die Figur Lindhorsts. Durch die Innensicht auf die Figur des Anselmus erfährt der Leser die Wirkung und Bedeutung des Archivarius und seines Reiches für die Hauptfigur. Die seelische Erschütterung des Protagonisten wird fühlbar.

Erzählverhalten: personal, später auktorial. Der Leser erblickt das Zauberreich mit den Augen des Anselmus (z. B. „sonderbar geformte Mobilien"), erlebt dann durch die Wertungen des Erzählers (z. B. „wahnsinnigem Entzücken", „beinahe besinnungslos") dessen zunehmende Verwirrung.
Erzählhaltung: Der Bericht des Erzählers ist sachlich. Durch die Perspektivierung gelingt eine Identifikation mit dem Helden: Die Zauberwelt erscheint wirklich.
Zeitgestaltung: Der Gang durch das Haus wird in zeitlicher Abfolge geschildert. Der Leser empfindet das Geschehen als unmittelbar.
Raum: Der Ort ist topografisch genau bestimmt (Bürgerhaus in Dresden), durch die Beschreibung der Szenerie aber wird er zum mythischen Raum.

Teilschritt: Themen und Motive / innertextuelle Bezüge (→ 2. Teilaufgabe)

- Zentrales Thema: das Wunderbare als gleichwertige Welt innerhalb der Wirklichkeit → Erweiterung der Wirklichkeit → Bewusstseinswelt des Dichters
- Spiegelmotiv: Im Gold des Topfes erblickt Anselmus Serpentina / Vgl. Ring des Archivarius in der Vierten Vigilie, Türklopfer, der das Bild des Apfelweibes spiegelt
- Motiv des Goldes, des Kristalls, der Edelsteine: kostbar, übersinnliche Zauberwelt
- Motiv des Doppelgängers: Lindhorst kann als Parallelfigur zur Figur des Konrektors Paulmann gesehen werden.

Teilschritt: Deutungsthese formulieren (→ 2. Teilaufgabe)

Im Haus des Archivarius Lindhorst erlebt Anselmus die Kongruenz von Realität und Poesie. Er erreicht durch die Vermittlung des Archivarius die letzte Phase der Entwicklung zum Poeten.

1. → 2. → **3. Den Vergleich vorbereiten** → 4. → 5. → 6.

Teilschritt: Den Außentext auswerten und auf den Textausschnitt beziehen

Novalis: „Blüthenstaub"-Fragment Nr. 23 (1798)
Der Mensch: übersinnliches Wesen
- *Offenbarungen des Geistes*
  → Vorstellungen, Ideen, Produkte der Phantasie
- *Schauen, Hören, Fühlen*
  → Eindrücke aller Sinne
- *Empfindung unmittelbarer Gewissheit*
  → Vorstellungen werden als wirklich wahrgenommen

- *Je mehr wir uns dieses Zustands bewusst zu sein vermögen, desto lebendiger, mächtiger ... ist die Überzeugung.*
  → Bewusstheit bewirkt intensives Erleben

Teilschritt: Die Ergebnisse auf die Vergleichstexte anwenden

Der goldene Topf	*Der Steppenwolf*
Anselmus ist der Prototyp des „übersinnlichen Wesens". Er erlebt durch seine sinnlichen Eindrücke eine zweite Welt in der Wirklichkeit, eine Erweiterung der Realität: Serpentina als Mädchen und Schlange, Lindhorsts Haus als phantastischer Palast mit Zaubergarten. Die poetische Welt ist die Projektion des Inneren, eine Bewusstseinswelt. In der Wahrnehmung dieser Doppeldeutigkeit wird die Entwicklung des Anselmus zum Poeten deutlich. Ergebnis: Anselmus gelingt die Selbstfindung durch die Vereinigung der Welten. Er wird zum Dichter.	Haller ist in gewisser Weise ein „übersinnliches Wesen". Er gewinnt im Magischen Theater Einsicht in geleugnete Seiten seines Ichs und Möglichkeiten seines eigenen Wesens: Er erlebt die „zahllosen Harrys", fähig zu Zerstörungswut, Vernichtungsrausch, Rohheit. Das Magische Theater zeigt das Innere Hallers, die Räume repräsentieren Bewusstseinswelten. Darstellung unter dem Einfluss der Psychoanalyse C. G. Jungs. Ergebnis: Haller versucht die alten Grenzen seines Ichs wieder zu ziehen, keine Lösung der Krise.

1. → 2. → 3. → **4. Gliederung erstellen** → 5. → 6.

Hauptteil

1. Teilaufgabe

a) Einordnung in den Handlungszusammenhang der Erzählung
  - Student Anselmus: lebt in Dresden, gilt bei seinen Freunden als Sonderling
  - Phantastisches Erlebnis unter dem Holunderbaum: Er sieht drei gold-grüne Schlangen, entbrennt in Liebe zu der einen Schlange.
  - Arbeit als Kopist bei dem Archivarius Lindhorst, trifft dessen Tochter Serpentina
  - Konflikt zwischen der bürgerlichen Alltagswelt und der Welt der Phantasie
  - Lösung: Existenz als Dichter wird ihm bewusst. Es gelingt ihm, beide Bereiche zu vereinen.

b) Inhaltszusammenfassung der Textstelle
  - Anselmus sucht Arbeit bei dem Archivarius Lindhorst in dessen Haus.
  - Er erlebt den Archivarius als Bürger und gleichzeitig als Zauberer. Das Haus erscheint gleichzeitig als Gelehrtendomizil und als phantastische Welt.
  - Er sieht den goldenen Topf mit den Reflexen verschiedener Gestalten, auch Serpentina.
  - Anselmus liefert eine Probe seines Könnens, der Archivarius reagiert rätselhaft.

c) Stellenwert der Szene in der Gesamtheit der Erzählung
  - Stellung des Archivarius als Vermittler zwischen Realität und poetischer Welt wird deutlich.

2. Teilaufgabe

a) Deutungsthese
- Anselmus erlebt die Kongruenz von Realität und Poesie und erreicht durch die Vermittlung des Archivarius die letzte Phase seiner Entwicklung zum Dichter.

b) Analyseergebnisse – Aspekte
- Wechsel von Alltagsrealität und poetisch-phantastischer Welt: Ambivalenz der Realität
- Beide Welten greifen ineinander

c) Figurenanalyse
- Archivarius: Phantastische Erscheinung, Zauberer / gleichzeitig strenger Hausherr
- Seine Bedeutung für Anselmus: Mittler zwischen Zauberwelt und Wirklichkeit

d) Erzähltechnik
- Unmittelbarkeit des Eindrucks durch Bericht und szen. Darstellung, anschauliche Beschreibung
- Außensicht auf Lindhorst: Dominanz, Skepsis
- Innensicht auf Anselmus: Wirkung Lindhorsts wird deutlich: emotional bewegt, Unterordnung
- Perspektivierung: Zauberwelt wird als wirklich empfunden, Bewusstseinswelt des Anselmus
- Raum: Ort in Dresden, Bürgerhaus, gleichzeitig mythischer Raum

e) Sprachlich-stilistische Mittel
- Befehle, zornige Ausrufe zeigen Dominanz des Archivarius
- Bericht im Indikativ zeigt die Realität der poetischen Welt.

f) Motiv-, Themenanalyse
- Zentrales Thema: Ambiguität der Wirklichkeit – Bewusstseinswelt des Dichters
- Spiegelmotiv/Der goldene Topf: Reflexion der inneren Wahrnehmung des Dichters
- Motiv des Goldes: kostbar, übersinnliche Zauberwelt

3. Teilaufgabe:

a) Auswertung des Außentextes mit Bezug auf den Textausschnitt
- Der Mensch als übersinnliches Wesen: Eindrücke, Vorstellungen werden als real empfunden.

b) Vergleich unter dem Aspekt der Konzeption des Menschen als eines übersinnlichen Wesens
- Beide Texte stellen die Innenwelt der Hauptfiguren in den Mittelpunkt.
- Beide sind Künstler mit der Fähigkeit, ihre Bewusstseinswelten als real zu erfahren.
- Bei Anselmus gelingt die Überwindung des Konflikts, Harry Haller kann seine Krise nicht lösen.

Schluss

Zusammenfassender Vergleich
- Beide Texte zeigen die Projektion des Inneren der Hauptfigur
- Unterschiedliche Sicht/Darstellung: Romantik – Moderne (Psychoanalyse)

1. → 2. → 3. → 4. → **5. Klausur schreiben** → 6.

Einleitung

Als E. T. A. Hoffmann 1813 einen neuen Text plante, schrieb er seinem Verleger von der Idee, ein „Reich" darzustellen, „feenhaft und wunderbar, aber keck ins gewöhnliche alltägliche Leben tretend und seine Gestalten ergreifend". Dies gelang ihm in exzellenter Weise mit seiner Erzählung „Der goldene Topf" (1814), in der die Hauptfigur, der Student Anselmus, im Alltagsleben der Stadt Dresden das Wirken einer phantastischen Märchenwelt erlebt. Am Ende kann er beide Sphären vereinen, als er sich für eine Existenz als Dichter entscheidet.

Hauptteil

1. Teilaufgabe

Anselmus erfährt die phantastische Welt zum ersten Mal, als er in einem Holunderbaum vor der Stadt die Vision von drei grün-goldenen Schlangen hat, deren Auftritt von zauberhaften Klängen begleitet wird. Die blauen Augen der einen Schlange betören ihn so sehr, dass er sich in sie verliebt. Eine raue Stimme macht dem Treiben ein Ende und der junge Mann versucht, sich sein Erlebnis mit Argumenten der Vernunft zu erklären. Am Abend vertreibt er sich seine Phantasien im Kreis seiner bürgerlichen Freunde. Dort erfährt er, dass der Archivarius Lindhorst, ein Privatgelehrter, einen Kopisten für seine Schriften braucht. In dessen Haus sieht er die drei Schlangen wieder, deren Gestalten in einem goldenen Topf gespiegelt sind. Er erfährt, dass die eine Schlange Serpentina heißt und die Tochter des Archivarius ist. Anselmus geht bei Lindhorst in eine Dichterlehre und erlebt im weiteren Verlauf Phasen der Verwirrung durch das Schwanken zwischen Realität und der poetischen Welt seiner Visionen. Begleiter in diesem Prozess der Selbstfindung ist der Archivarius. Anselmus erkennt die Enge bürgerlichen Lebens und entscheidet sich für Serpentina. Am Ende findet er zu seiner Berufung als Dichter. Der vorliegende Textausschnitt zeigt den entscheidenden Schritt der Hauptfigur in ihrem Entwicklungsprozess zum Poeten, als sie den Archivarius zum ersten Mal besucht. In der dreiteiligen Handlungsstruktur bildet sich das Spannungsverhältnis von Realität und Wunderwelt ab. Zunächst wird dieses in Gestalt und Handeln Lindhorsts bei der Führung durch das Haus fassbar, dann erfolgt ein Eintauchen in die phantastische Welt, als Anselmus in einem exotisch geschmückten Raum den goldenen Topf und in seiner Glasur Serpentina, sich selbst sowie den Holunderbaum gespiegelt sieht. Wie aus einem Traum erwachend, findet sich Anselmus dann in einem nüchternen Arbeitszimmer wieder. Lindhorst weist ihm dort seinen Arbeitsplatz zu und weist auf die Möglichkeit hin, auch in dem prächtigen Raum zu arbeiten, in dem der Student Serpentina gesehen hat. Wie die Orte des Hauses, so begegnet auch die Figur des Archivarius Lindhorst dem Anselmus in doppeldeutiger Gestalt. Er ist ein einflussreicher Bürger der Stadt und ein Zauberer. Dem Studenten erscheint er zunächst als flammender Feuerlilienbusch (Z. 1). Anselmus erklärt sich diesen Eindruck dann durch das Muster des Schlafrocks. Das rätselhafte Erscheinen wird ergänzt durch die phantastische Umgebung, in der Vögel sprechen, der Hausherr einem Papagei Befehle erteilt und offensichtlich gewohnt ist, über dieses Zauberreich zu herrschen. Anselmus ist Lehrling, wirkt fast demütig („geschätztester Herr Archivarius", Z. 6) und ordnet sich unter. Im Haus des Archivarius wird am Wechsel des Erlebens von Alltagswelt und phantastischer Welt deutlich, dass Anselmus zwei verschiedene Bewusstseinswelten erlebt. Er geht durch ein reales Haus, hat dort zur gleichen Zeit Visionen von Gestalten und Räumen und erlebt so eine Existenz als Poet. Deutlich wird dies auch an der Fähigkeit, die Sprache der Vögel in Lindhorsts Garten zu verstehen. So ist die poetische Welt, die sich ihm eröffnet, eine Erweiterung der alltäglichen Wirklichkeit. Dem Archivarius kommt die Funktion des Vermittlers zwischen beiden Sphären zu, da er in beiden zu Hause ist. Seine Lebensform ist das Ziel von Anselmus' Entwicklungsprozess.

2. Teilaufgabe

Das Schwanken zwischen beiden Existenzformen der Hauptfigur bildet sich im Wechsel zwischen Bericht, szenischer Darstellung und Beschreibung ab. In einem kurzen Bericht wird der Leser in die erste Szene eingeführt, in der durch die wörtliche Rede auch die Position der beiden Figuren als eines herrischen Meisters und des Lehrlings („meine Wenigkeit", Z. 7) deutlich wird. Dass die Vision der Zauberwelt von Anselmus als Wirklichkeit erlebt wird, machen die Darstellungsform des Berichts und der Gebrauch des Indikativs („schritt der Feuerlilienbusch auf ihn zu", Z. 1) deutlich. Es ist die Erfahrungswelt des Poeten, die hier konkret wird. Durch die anschauliche Beschreibung des Saales mit dem goldenen Topf kann der Leser den überwältigenden Eindruck auf Anselmus und dessen Entzückensschrei nachempfinden. In der abschließenden Szene werden wieder die Rollen von nüchternem Arbeitgeber und eifrigem Schüler deutlich. Dabei stützt die gewählte Erzählperspektive diese Figurenzeichnung. Der Leser hat durchgehend Außensicht auf den Archivarius. Dieser wirkt sachlich, dominierend. Die Innensicht auf Anselmus eröffnet den Blick auf das poetische Erleben der Figur. Ergänzt wird dieser Eindruck zunächst durch das personale Erzählverhalten, zum Beispiel in der Beschreibung des Raumes mit dem goldenen Topf, wenn der Leser die Blickführung des Anselmus nachvollzieht, die an eine Kamerafahrt im Film erinnert. Gegen Ende erfährt der Leser die Wirkung der poetischen Welt auf die Hauptfigur durch das auktoriale Erzählverhalten („wahnsinniges Entzücken", Z. 29) und wird wie diese wieder zurück in die Szene einer nüchternen Alltagswelt geworfen. So nimmt der Leser unmittelbar teil am Entwicklungsprozess des Anselmus zum Poeten. Intensiviert wird die Wirkung auf den Leser durch Themen- und Motivstränge, die sich durch die Erzählung ziehen. Das Motiv des Goldes, der Edelsteine steht für die Exklusivität, das Kostbare der poetisch-phantastischen Welt. Das Spiegelmotiv wird im thematischen Zusammenhang mit den Visionen des Anselmus verwendet. So repräsentieren zum Beispiel die Spiegelung im Gold des Topfes oder der Zauberring des Archivarius, der als Spiegel fungiert und Gestalten aus Anselmus' Visionen zeigt, das Innere der Hauptfigur.

3. Teilaufgabe

Nicht zuletzt auch ist der goldene Topf ein zentrales Symbol für die Wahrnehmung des Dichters, der die phantastische als zweite Welt in der Wirklichkeit erfährt. Für den romantischen Dichter Novalis sind Menschen mit dieser Fähigkeit, Vorstellungen, Ideen, Produkte der Phantasie und Sinneseindrücke als wirklich wahrzunehmen, „übersinnliche Wesen". Anselmus ist sicher der Prototyp dieser Konzeption, wenn er die „Offenbarungen des Geistes" innerhalb der Alltagswelt der Stadt Dresden erlebt. Die changierende Figur des Archivarius Lindhorst erscheint ihm bei der ersten Begegnung als Feuerlilienbusch, dann erkennt er, dass ihn dessen prächtiger Schlafrock getäuscht hat. Er weiß, dass dieser Mann ein gelehrter und angesehener Bürger der Stadt ist, erlebt ihn dann aber auch als mächtigen Zauberer in einem mythischen Reich. Auch andere Figuren haben zwei Seiten: Serpentina sieht er zuerst als gold-grüne Schlange, später als wunderschönes Mädchen. Das Äpfelweib ist Marktfrau und Hexe. Figuren und Orte sind in ihrer Doppeldeutigkeit Projektionen von Anselmus' Innenwelt. Die Hauptfigur in Hermann Hesses Roman erlebt ebenfalls eine Konkretisierung ihres Inneren. Im Magischen Theater gewinnt Harry Haller Einsicht in verschiedene, auch geleugnete Seiten seines Wesens. Er, der erklärte Pazifist, sieht, dass er sich im Vernichtungsrausch ausleben kann, so wie er Rohheit als einen seiner Wesenszüge erfährt oder sinnliche Erfahrungen genießen möchte.

Schluss

In Hesses Darstellung zeigt sich die Auffassung C. G. Jungs, der Dichtung als eine Tätigkeit sah, unbewusste Inhalte zu gestalten. Harry Haller kann seine Grenzen nicht überschreiten, seine Neigungen und Triebe nicht akzeptieren. Im Gegensatz zu ihm wird sich Anselmus in Hoffmanns Erzählung seines Zustands bewusst und nimmt eine Existenz als Poet an: Er kann empirische Lösung und Imagination vereinbaren. Damit entspricht die Gestaltung dieser Figur einer Vorstellung der Romantik. Eine positive Lösung der Identitätskrise scheint Hermann Hesse im 20. Jahrhundert nicht mehr möglich.

1. → 2. → 3. → 4. → 5. → **6. Klausur überarbeiten**

Hinweise zur Überarbeitung der Klausur finden Sie auf S. 15.

1 Vorbemerkungen

Hoffmanns Meisterwerk

Neuer Märchenstil

Modernität des Werkes

1814 erscheint E.T.A. Hoffmanns (1776-1822) Erzählung „Der goldene Topf" in der Sammlung „Fantasiestücke in Callot's Manier". Sie gehört zu den bedeutendsten Werken des Autors. Hoffmann hat das Ziel, Realistisches und Phantastisches in einem neuen Märchenstil zu verbinden: Er sieht sich als „Dichter oder Schriftsteller, dem die Gestalten des gewöhnlichen Lebens in seinem innern romantischen Geisterreiche erscheinen". (E.T.A. Hoffmann, Sämtliche Werke, Band 2/1, S.18) Kritiker haben immer wieder die Modernität des Werkes betont. Nach seiner Zeit als Regierungsrat in Warschau und einigen Jahren als Kapellmeister am Theater in Bamberg zieht Hoffmann 1813 nach Dresden. Hier vollendet er 1814 die dritte und endgültige Fassung. Hoffmann, eine vielseitige künstlerische Hochbegabung, formuliert eine Art Leitgedanken seines Lebens: „Die Wochentage bin ich Jurist und höchstens etwas Musiker, sonntags am Tage wird gezeichnet, und abends bin ich ein sehr witziger Autor bis in die späte Nacht." (Briefe (Von Königsberg bis Leipzig 1794–1814), S.78 / zitiert bei: Eckart Kleßmann: E.T.A. Hoffmann, Insel Verlag, Frankfurt/M. u. Leipzig 1995, S.38)

2 Inhaltsübersicht

Erste Vigilie

Der Student Anselmus stolpert am Himmelfahrtstag durch das Schwarze Tor in Dresden und stößt den Apfelkorb einer Marktfrau um. Er entschädigt sie mit seiner gesamten Barschaft und kann nun nicht mehr den Feiertag in einer Gastwirtschaft genießen. Er beklagt sein Missgeschick unter einem Holunderbaum an der Elbe, als er unter zauberhaften Klängen drei gold-grüne Schlangen in den Zweigen aufblitzen sieht und sich in die dunkelblauen Augen der einen Schlange verliebt. Eine raue Stimme ertönt und macht der Vision ein Ende.

Zweite Vigilie

Anselmus versucht, sich sein Erlebnis mit Gründen der Vernunft zu erklären. Eine Bootsfahrt und ein fröhlicher Abend im Haus des Konrektors Paulmann und dessen Tochter Veronika lenken ihn von seinen „Fantasmen" ab. Der Registrator Heerbrand vermittelt ihm eine Stelle als Kopist bei dem Privatgelehrten Lindhorst. Als er dessen Haus aufsucht, erscheint ihm auf dem Türklopfer das grinsende Gesicht der alten Marktfrau und es ertönt der rätselhafte Spruch „Bald dein Fall ins Kristall!", den ihm das Äpfelweib nachgerufen hatte. Die Klingelschnur verwandelt sich in eine Schlange, die ihn umwindet und zu erdrücken scheint. Anselmus fällt in Ohnmacht, der Konrektor Paulmann findet ihn.

Dritte Vigilie

Die Freunde wollen ihm helfen, sich aus seinem „tiefsinnigen Zustand" zu befreien und führen ein Treffen mit dem Archivarius Lindhorst in einem Kaffeehaus herbei. Dort erklärt der Archivarius seine Familiengeschichte als „das Wahrhaftigste, was ich euch auftischen kann". Er erzählt, dass er ein Prinz und der Nachfahre einer königlichen Feuerlilie sei; er habe sich mit seinem Bruder – einem Drachen – zerstritten. Während die Gesellschaft sich vor Lachen über die phantastische Geschichte biegt, empfindet Anselmus ein unheimliches Grauen, beschließt aber, am nächsten Tag den Archivarius aufzusuchen.

Vierte Vigilie

Aber es zieht den jungen Mann immer wieder zu dem Holunderbaum am Elbeufer, wo er hofft, die kleine Schlange mit den blauen Augen wiederzusehen. Dort trifft er auf Lindhorst und erzählt ihm von seinem Erlebnis und seinen Gefühlen. Der Archivarius bestätigt ihm, dass die Erscheinungen in den Holunderzweigen real gewesen seien. Die drei Schlangen, erklärt er, seien seine drei Töchter. Anselmus habe sich in die jüngste, Serpentina, verliebt. Der Stein seines Ringes wird zum Spiegel, in dem der Student die kleinen Schlagen sieht. Die jüngste spricht zu ihm. Lindhorst beendet die Erscheinung, fordert Anselmus auf, ihn zu besuchen, und gibt ihm ein Fläschchen mit einer Flüssigkeit, die helfen soll, das Äpfelweib im Türklopfer zu vertreiben. Als sich an Stelle des davonschreitenden

Archivarius ein Geier in die Luft erhebt, wird Anselmus klar, dass Gestalten „aus einer fernen wundervollen Welt" in sein Leben getreten sind.

Fünfte Vigilie

Konrektor Paulmann macht sich Sorgen um Anselmus, dem er wegen dessen Verschrobenheit keine ordentliche Karriere zutraut. Der Registrator Heerbrand dagegen verweist auf eine lobende Bemerkung des Archivarius über den Studenten. Veronika träumt von einem gemeinsamen Leben mit Anselmus und sieht ihn schon als Hofrat. Um sich Gewissheit über ihre Zukunft zu verschaffen sucht sie eine Frau auf, die im Rufe steht, Zauberkräfte zu besitzen.

Sechste Vigilie

Beim nächsten Besuch beim Archivarius Lindhorst erlebt der junge Mann Haus und Garten als eine phantastische Welt mit wunderbaren Blumen, sprechenden Vögeln und dem goldenen Topf, in dem er Serpentina gespiegelt sieht. Er erfährt, dass dieser Zaubertopf Serpentinas Mitgift ist und als Belohnung für eine glückliche Zukunft winkt, wenn er den Kampf gegen böse Mächte besteht. Anselmus beginnt mit seiner Arbeit, die wie mit Zauberhand zu einem perfekten Ergebnis führt. Am Ende ist er wieder verwirrt, bekennt sich aber zu seiner Liebe.

Siebte Vigilie

Veronika nimmt in einer stürmischen Nacht an einem Hexenritual teil, weil sie glaubt, dass sie damit ihre Zukunft als Frau eines künftigen Hofrates Anselmus sichern kann. Die gespenstische Szene wird durch das Erscheinen eines mächtigen Adlers bestimmt und endet mit der Ohnmacht des Mädchens. Es wacht in seinem Bett auf und ist nicht sicher, ob das Erlebte ein Wahn oder Wirklichkeit war.

Achte Vigilie

Anselmus arbeitet als Kopist wertvoller Schriftstücke im Haus des Archivarius. Dort sieht er Serpentina in der Gestalt eines wunderschönen Mädchens und erfährt von ihr, dass ihr Vater eigentlich ein Erdgeist ist, der in die Alltagswelt verbannt wurde und in der Gestalt eines Bürgers leben muss. Er kann erst erlöst werden, wenn seine drei Töchter einen Bräutigam mit einem »kindlichen und poetischen Gemüt« heiraten. Sie warnt ihn vor dem Äpfelweib, das einen bösen Zauber ausübe.

Neunte Vigilie

Anselmus weiß nicht, ob die Wunderwelt Ausdruck eines kranken Gemüts oder Wirklichkeit ist. Beim Besuch im Hause Paulmann blickt er durch Zufall in den Metallspiegel, den Veronika von der Hexe bekommen hat, und glaubt an eine tiefe Liebe zu dem Mädchen. Sogleich verliert er den Blick für das Wunderbare. Die Erscheinungen der phantastischen Welt Lindhorsts sind nun für ihn Phantastereien. Er hält um Veronikas Hand an. Der Abend entartet in ein wildes Punschgelage, in dem Anselmus von der phantastischen Welt berichtet. Am nächsten Tag erscheinen ihm Haus und Garten des Archivarius armselig. Bei der Arbeit ist er verwirrt, kann sich nicht konzentrieren und bekleckst das Manuskript mit Tinte. Große Turbulenzen von Blitz, Dampf und Feuer brechen aus, Anselmus wird ohnmächtig. Als er wieder zu sich kommt, sitzt er in einer Kristallflasche. Die Prophezeiung des Äpfelweibes ist wahr geworden.

Zehnte Vigilie

Anselmus ist umgeben von anderen jungen Männern, die ebenfalls in Flaschen – Symbol für das Philistertum – leben, doch im Gegensatz zu ihm nicht unter der Enge des bürgerlichen Lebens leiden. Aber er widersteht den Verlockungen des Äpfelweibes und bekennt seine Liebe zu Serpentina. In einem wilden Kampf bezwingt der Archivarius die Hexe. Er erklärt dem jungen Mann, dass ihn ein feindliches Prinzip zerstören wollte, indem es versuchte, ihn von sich selbst zu entfremden. Die Flasche zerspringt, Anselmus ist frei und sinkt in Serpentinas Arme.

Elfte Vigilie

Im Nachgang des Punschgelages erklärt der Konrektor Paulmann Anselmus für wahnsinnig und will ihn nicht mehr in seinem Haus sehen. Anselmus ist für einige Zeit verschwunden. Der Registrator Heerbrand wird Hofrat und hält um Veronikas Hand an. Veronika gesteht, dass sie zu Zauberkünsten Zuflucht genommen hat, um Anselmus zu gewinnen. Heerbrand zeigt Verständnis. Die Verlobung wird gefeiert, Veronika wird Frau Hofrätin.

Zwölfte Vigilie

Der Erzähler hat durch die Künste des Archivarius eine Vision, in der er Anselmus und Serpentina glücklich vereint in dem utopischen Reich Atlantis, dem Land der Poesie, erblickt. Als er selbst über die Armseligkeit des alltäglichen Daseins klagt, tröstet ihn Lindhorst damit, dass er an diesem Glück eines Lebens in Harmonie ja teilnehme, als Erzähler der Dichtung habe er ja einen Pachthof in Atlantis.

3 Die Struktur der Erzählung

Unmittelbarkeit des Geschehens

Ohne Einleitung bringt ein dramatisches Geschehen gleich zu Anfang Dynamik in die Handlung. Auch im weiteren Verlauf wird der Leser unmittelbar mit einer Situation konfrontiert und erfährt erst später den inhaltlichen Zusammenhang der Szene. (Vgl. S. 9) So ist es zum Beispiel die Stimme des Geisterfürsten, die die 3. Vigilie eröffnet, ohne dass der Leser weiß, mit wem er es hier zu tun hat.

Erzähler inszeniert Szenen wie im Theater

Ein solcher Sprung ins Geschehen geschieht insgesamt sechsmal, er gibt dem Erzählvorgang viel Lebendigkeit, denn der Leser kann sich wie im Theater fühlen. Der Erzähler führt Regie. Dazu trägt auch die Blickführung auf das Geschehen bei, die der Erzähler inszeniert. So fühlt sich der Leser in der ersten Vigilie unmittelbar in das turbulente Geschehen am Schwarzen Tor versetzt und folgt dann dem davonstürmenden Anselmus an das Elbeufer. Darüber hinaus wird die Erfahrungsrealität des Geschehnisraums Dresden transparent für das Erscheinen der Märchenwirklichkeit und schafft so

Ambivalenz Realität – Phantastik

den Eindruck von Ambivalenz. Dieser Wechsel von Märchenhaft-Phantastischem und Realistischem bestimmt die Entwicklungsgeschichte der Hauptfigur Anselmus und bildet sich im Erzählprozess ab. Die Erzählung besteht aus zwölf Kapiteln, die der Autor Vigilien (lat. Nachtwache) nennt. Diese

12 Vigilien = Nachtarbeit

Bezeichnung weist auf die Entstehung in nächtlicher Arbeit hin. Jeder Vigilie ist eine stichwortartige Zusammenfassung der äußeren Handlung vorangestellt, die dem Leser eine Übersicht gibt.

4 Erzähler

Erzähler zieht Leser mit ins Geschehen

Parallel zur Handlung um den Studenten Anselmus zieht sich die Ebene des Erzählvorgangs. Sie wird fassbar, wenn der Erzähler sich an einigen Stellen mit der Anrede „günstiger Leser" (4. Vigilie) direkt an den Leser wendet. Dies wirkt irritierend, der Erzählfluss wird unterbrochen, was eine Distanz zum Erzählten bewirkt. Der Erzähler zieht den Leser quasi als Partner in das fiktive Geschehen mit hinein, wenn er ihm z. B. in der 4. Vigilie anbietet, sich in die Lage des Anselmus hineinzuversetzen, oder in der 10. Vigilie auffordert, sich gemeinsam mit ihm in eine Kristallflasche einzuschließen. Den Höhepunkt erfährt der Leser in der 12. Vigilie, in der der Erzähler als handelnde Figur in seine eigene Geschichte eintritt und den Leser zum Beobachter seiner Arbeitsweise macht. Auch Erzählform und Erzählverhalten tragen dazu bei, dass der Leser in das Geschehen der Erzählung eintauchen kann. Zu

auktoriales Erzählverhalten

Beginn erhält er durch das auktoriale Erzählverhalten Einblick in das Innere der Figuren. (Anselmus: „von einem unwillkürlichen Grausen ergriffen", S. 3, Z. 22). Unmittelbare Nähe zur Handlung gewinnt

personales Erzählverhalten

der Leser in der Holunderbuschszene, wenn er durch das personale Erzählverhalten in die Blickrichtung der Figur hineingezogen wird und die Figurenrede es ermöglicht, die Gedanken des Anselmus direkt zu erfahren (S. 7). Die dazu verwendeten erzähltechnischen Mittel weisen E. T. A. Hoffmanns Erzählung als äußerst modern aus.

romantische Ironie

Dem entspricht das Wechselspiel von Illusion und Desillusionierung als Prinzip der romantischen Ironie.

5 Figuren und Figurenkonstellationen

Zu Beginn der vierten Vigilie weist der Erzähler in seiner Ansprache an den Leser auf die Doppeldeutigkeit realer Erscheinungen hin: „ … in dieser Sehnsucht nach dem unbekannten Etwas, das dich überall, wo du gingst und standest, **wie ein duftiger Traum** mit **durchsichtigen, vor dem schärferen Blick zerfließenden Gestalten**, umschwebte, verstummtest du für alles, was dich hier umgab." (S. 23, Z. 15 ff.) Er charakterisiert damit die Situation des Anselmus als eine Existenz zwischen zwei Reali-

zwei Realitätsebenen

tätsebenen: zwischen Alltagsleben und Poesie. In erster Linie sind die Figuren Bürger der Residenzstadt Dresden im 19. Jahrhundert, aber manche haben auch eine Doppelfunktion, wenn sie neben der Erfahrungswelt in einer mythischen Welt zu Hause sind. So offenbart sich in der Figurengestaltung

Figurengestaltung: doppelgängerische Konstellation

durch doppelgängerische Konstellationen die Kluft zwischen Künstler und Philister. Unter einem Philister versteht die Romantik einen Menschen, der nur seine Geschäfte und den täglichen Kram im Sinn hat. Eine doppelgängerische Zusammengehörigkeit gibt es auch bei Figuren, die mit verschiedenen Namen in dieser Erzählung auftreten. So repräsentiert Veronika die reale Existenz, Serpentina die ideal-poetische Dimension. Im Verlauf seines Entwicklungsprozesses schwankt Anselmus zwischen beiden, entscheidet sich am Ende für die „Seligkeit" in der Poesie. Man kann drei Doppelgänger-Paare ausmachen, die jeweils die Alltagswelt oder die poetische Dimension repräsentieren: Paulmann - Lindhorst, Heerbrand - Anselmus, Veronika - Serpentina. Aber diese Duplizität findet sich auch innerhalb von Figuren wieder. Der Archivarius Lindhorst repräsentiert die Doppelexistenz von angesehenem Bürger und Künstler gleichzeitig. In dieser Figur stellt der Autor das Ziel der Entwicklung dar, das Anselmus am Ende der Erzählung erreicht. Dieser schwankt zunächst zwischen beiden Welten, bis er am Ende zu einer poetischen Existenz findet.

Doppelexistenz vom Archivarius

Figurenkonstellation

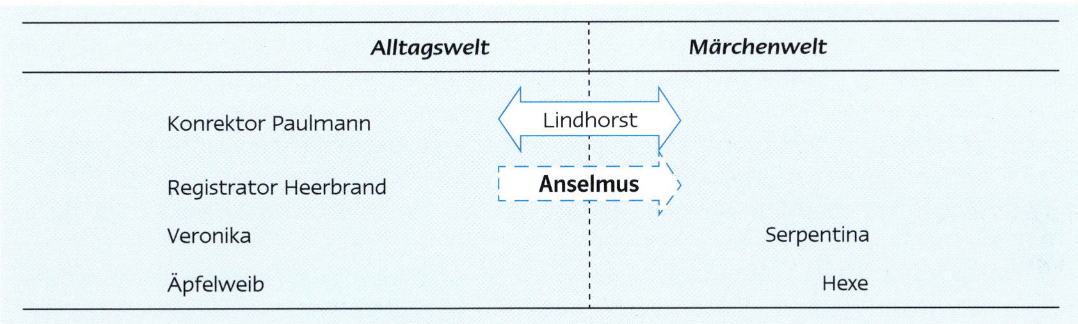

6 Raum- und Zeitgestaltung

Räume

Die Erzählung spielt in Dresden um 1813/1814. Die einzelnen Orte der Stadt kann man genau bestimmen, so z. B. das „Schwarze Tor" im Nordwesten der Dresdner Neustadt. Die Schauplätze werden aber nur knapp benannt, nicht beschrieben. Sie werden ständig durch die Märchenwelt entgrenzt, die Erfahrungsrealität wird transparent, das heißt, Alltagswelt und Märchenwelt spielen ineinander. Beispiel: Als Anselmus sich in einer Kristallflasche wiederfindet, die symbolisch für die Alltagsfixierung steht, sagen seine Leidensgenossen in anderen Flaschen: *»Der Studiosus ist toll,* ***er bildet sich ein in einer gläsernen Flasche zu sitzen****, und* ***steht auf der Elbbrücke*** *und sieht gerade hinein ins Wasser.«* (S. 72) Ebenso erscheint der Garten des Archivarius Lindhorst dem Anselmus einmal als Zaubergarten, dann aber, als er sich auf seine nüchterne bürgerliche Existenz besinnt, als normaler Garten mit Blumentöpfen (S. 68, Z. 14 ff.). Der jeweilige Zustand des Bewusstseins verändert das Raumerlebnis. Dies zeigt sich beispielsweise, wenn die Hauptfigur Lindhorsts Haus als orientalischen Märchenpalast mit Kristallstrahlen, die in Lilienkelche fallen, wahrnimmt. In der 8. Vigilie erkennt er, dass die Blüten „eigentlich" gar keine Blüten sind, vielmehr „in glänzenden Farben prunkende Insekten". So durchdringen sich zwei Realitätsebenen. Der Leser erlebt in der Raumgestaltung die wechselseitige Vermittlung der Kongruenz von Atlantis und Dresden, von Poesie und Realität. Der Ort Atlantis ist ein utopischer, idealer Ort. Er kann auch psychologisch verstanden werden als Zustand eines individualistischen Bewusstseins außerhalb der banalen Alltagswelt. Atlantis ist eine Chiffre für das Leben in der Poesie, „des Anselmus Seligkeit" (S. 87, Z. 19). Zugang hat nur das poetische Gemüt.

Bewusstsein verändert Raumerlebnis

Atlantis als utopischer Ort

Zeit

Ebenso werden die exakten Zeitangaben durch eine mythische Zeitgestaltung überlagert. Die Handlung beginnt am Himmelfahrtstag nachmittags um drei Uhr und endet am 4. Februar, an Veronikas Namenstag und dem Tag ihrer Verlobung mit Heerbrand. Diese Angaben der Wirklichkeit bilden eine Struktur, die die Handlungsteile zusammenbindet. Aber auch diese Zeit der Erfahrungswelt ist ambivalent, denn die mythische Welt spielt immer wieder hinein.

7 Sprache und Stil

Sprachliche Mittel machen Erleben der Figuren anschaulich

Die Art, wie der Erzähler die fiktionale Welt vermittelt, wirkt sich auch auf die Sprachverwendung aus. Das Haus des Archivarius erscheint vor allem durch die Verwendung schmückender Attribute („azurblaue Wände", „goldbronzene Stämme" mit Blättern wie „Smaragd") als Palast. Als Veronika in der Küche der Hexe ist, stützen wertende Adjektive die Beschreibung aus der Perspektive Veronikas und vermitteln ihr Grauen: Sie empfindet die Fledermäuse mit ihren „verzerrten lachenden Menschengesichtern" als „ekelhaft" (S. 36, Z. 8–13). Auf diese Weise wird das subjektive Erleben der Figuren anschaulich dargestellt. Besonders gut gelingt dies, wenn Anselmus in der 4. Vigilie dem Archivarius nachblickt, der davonschreitet, „so dass er in der tiefen Dämmerung … mehr in das Tal **hinabzuschweben** als zu gehen schien. … da setzte sich der Wind in den weiten Überrock und trieb die Schöße auseinander, dass sie **wie ein Paar große Flügel** in den Lüften flatterten und es dem Studenten Anselmus, …, vorkam, **als breite ein großer Vogel die Fittige** aus … da **erhob sich** mit krächzendem Geschrei ein weißgrauer Geier hoch in die Lüfte, … (S. 29, Z. 3–15).

Ambivalenz des Eindrucks

Die Ambivalenz des Eindrucks geschieht durch reale Elemente, die durch die Beschreibung verwandelt werden: Der Gang des Archivarius ist ein „Hinabschweben", der sprachliche Vergleich setzt den Eindruck von Verwandlung fort. Die Vermischung von Realität und Wunderbarem geschieht durch eine Häufung von Beschreibungen der Farben und Klänge, aber auch durch Synästhesien:

Synästhesien

„die wunderbare Musik des Gartens tönte … und umgab ihn mit süßen lieblichen Düften … Zuweilen war es auch, als rauschten die smaragdenen Blätter der Palmbäume, und als strahlten dann die holden Kristallklänge …" (8. Vigilie, S. 55, Z. 26–31).

Sprache zur Charakterisierung der Figuren eingesetzt

Hoffmann versteht es auch meisterhaft, Sprache zur Charakterisierung der Figuren einzusetzen. So redet vor allem der Philister Paulmann in umständlichem und gespreiztem Stil, um seine Wichtigkeit zu unterstreichen. Lindhorst, der sowohl in der Kanzleiwelt als auch der poetischen Welt zu Hause ist, verfügt über zwei Stilebenen. Er verfasst einen mit bürokratischen Floskeln gespickten Brief („unerachtet ich", „die zu ventilierende Frage", S. 83, Z. 4 ff.), erzählt dann aber die Geschichte des Salamanders in dichterischer Sprache.

ironische Erzählhaltung

Mit der ironischen Erzählhaltung korrespondiert auch eine ironische Sprachverwendung. Dies wird zum Beispiel in der Überschrift der 11. Vigilie „Verlobung bei der dampfenden Suppenschüssel" (S. 76) fassbar, wenn damit die bürgerliche Welt der Familie Paulmann als banal bewertet wird. Wenn Lindhorst von seinem Bruder erzählt: „Er ging „**stehenden Fußes** unter die Drachen" (S. 20, Z. 22) wird in der Formulierung deutlich, dass sich der Archivarius an dieser Stelle über seine Zuhörer lustig macht.

8 Themen und Motive

Der Gegensatz Philister – Künstler entspricht der Dualität von realer und poetischer Welt, die sich überlagern und die Hauptfigur verwirren, bis sie sich für ein Leben in der Poesie entscheidet.

Doppelgänger-Motiv

In der Figurenkonstellation werden Spiegelungen deutlich. (Vgl. Figurenkonstellation) Das Doppelgänger-Motiv kann auch als eine Auseinandersetzung mit der Identität und den Grenzen des eigenen Ichs interpretiert werden. Das Motiv hat somit Bedeutung für das Handlungsmuster der Erzählung.

Spiegel als Leitmotiv

Der Spiegel ist ein magisches Requisit, in dem Vorgänge vergegenwärtigt werden. So verbinden sich die Strahlen des Smaragds im Ring des Archivarius zu einem Kristallspiegel, in dem Anselmus die drei kleinen Schlangen sieht. Der Spiegel gibt – wie der goldene Topf – das Innere des Anselmus wieder.

Natur

In und anhand der Natur wird die Zusammengehörigkeit aller Dinge poetisch dargestellt. Sie wird zum Ausdrucksraum der romantischen Seele. Dies wird deutlich in der Holunderbaum-Szene.

Sehnsucht

Sehnsucht als Bewusstseinszustand, der zum Ausdruck bringt, dass das wahre Ziel des Menschen im himmlischen Jenseits liegt und im irdischen Diesseits unerfüllbar bleibt. Anselmus erfährt diesen Zustand bei der Begegnung mit Serpentina im Holunderbaum.

Liebe

Es ist die Liebe als allumfassende Kraft, die Anselmus inspiriert, seine Existenz als Dichter zu begreifen.

9 Textsorte Märchen

Der Untertitel „Märchen aus der neuen Zeit" verweist auf den Realitätsgehalt innerhalb der fiktiven Textsorte Märchen. So spielt die Topografie der Stadt Dresden an vielen Stellen in die Erzählung hinein. Dies steht im Gegensatz zum unbestimmten Ort einer Märchenhandlung. Viele Passagen der Erzählung handeln von phantastischen Erscheinungen, die man aus dem Märchen kennt: Ein Zauberer, eine Hexe, Geister treten auf, es gibt den Kampf zwischen guten und bösen Mächten. Im Märchen zieht der Held in die Welt hinaus, um Abenteuer zu bestehen und sich zu bewähren. Aber Anselmus verlässt Dresden nicht, seine Abenteuerreise besteht darin, dass er dem Wechsel von Realem und Phantastischem ausgesetzt ist. Sein Weg ist eine Entwicklung des Bewusstseins, es ist sein Bildungsgang zum Poeten. Im Märchen erscheint eine objektive Welt, die phantastische Welt im „Goldenen Topf" stellt die Bewusstseinswelt der Hauptfigur dar. Das Handlungsmuster wiederum verweist auf das Märchenschema: Es gelingt Anselmus erst beim dritten Versuch, seine Lehre im Haus des Archivarius anzutreten. Vorher war er noch nicht bereit, sich der poetischen Welt zu öffnen. Es liegt eine psychologische Sichtweise vor, die auch daran deutlich wird, dass Anselmus über seine Erlebnisse und ihre Wirkung reflektiert. Dies tut der eindimensionale Held des Märchens nicht. Die Gesamtstruktur der Erzählung wiederum entspricht der des Märchens: Nach einem Weg voller Schwierigkeiten, der Erfahrung phantastischer Mächte, der Lösung der Aufgabe, gibt es ein glückliches Ende. Der Held Anselmus gewinnt Serpentina und den goldenen Topf und führt ein Leben in der „Seligkeit". Es fehlen nur die für das Märchen typischen Eingangs- und Schlussformeln.

10 Aspekte der Romantik

Die Forderung der Romantiker, dass die äußere Wirklichkeit romantisiert werden müsse, bedeutet, dass die Dichtung immer mehr Wirklichkeitsbereiche erfassen soll. (Schlegel: „progressive Universalpoesie"). Dabei verwandelt sie die reale Alltagswelt in Zeichen des unendlichen Naturzusammenhangs und der inneren Erfahrung. Diese Auffassung hat E.T.A. Hoffmann in seiner Sammlung „Die Serapionsbrüder" dargestellt: „Es gibt eine innere Welt und die geistige Kraft, sie in voller Klarheit, in dem vollendetsten Glanze des regesten Lebens zu schauen, aber es ist unser irdisches Erbteil, daß eben **die Außenwelt**, in der wir eingeschachtet, **als der Hebel wirkt, der jene Kraft in Bewegung setzt.**" (E.T.A. Hoffmann, Sämtliche Werke in sechs Bänden, Hg. V. Hartmut Steinecke und Wolf Segebrecht, Frankfurt/Main, Dt. Klassiker-Verlag, 1985–2004, Bd. 4 Die Serapionsbrüder (2001), S. 69) Zu Beginn der 4. Vigilie beschreibt der Erzähler dieses Prinzip, wenn er betont, dass er „das alltägliche Leben ganz gewöhnlicher Menschen ins Blaue hinausrückte". (S. 23, Z. 30 f.) So regt zum Beispiel der „Hebel der Wirklichkeit" in der Szene unter dem Holunderbaum die Phantasie an, und Anselmus sieht im flirrenden Sonnenlicht die gold-grünen Schlangen. Auch umgekehrt funktioniert der Wechsel als ein Wiedererkennen der Wirklichkeit in der Poesie. Der Erzähler rät dem Leser zu versuchen, „die bekannten Gestalten, wie sie täglich, wie man zu sagen pflegt im gemeinen Leben, um dich herwandeln, wieder zu erkennen." (S. 24, Z. 10 f.) So verweist zum Beispiel die ideal-poetische Gestalt Serpentinas mit ihren blauen Augen und einer Stimme wie Kristallglocken auf Veronika zurück. Wirklichkeit und Poesie stehen in Verbindung, sie schließen sich nicht aus. Im changierenden Wechsel von Realität und poetischer Wirklichkeit hat der Autor diese Konzeption in seiner Erzählung umgesetzt.

> Euch mag wohl das, was ich freilich nur in ganz dürftigen Zügen erzählt habe, unsinnig und toll vorkommen, aber es ist dessen unerachtet nichts weniger als ungereimt oder auch nur allegorisch gemeint, sondern buchstäblich wahr.
>
> *E. T. A. Hoffmann*
>
> E. T. A. Hoffmann: *Sämtliche Werke in 6 Einzelbänden.* Hrsg. V. Walter Müller-Seidel, Friedrich Schnapp u. a. Winkler Verlag, München 1960–1981, Fantasie- und Nachtstücke, S. 194

SPICKZETTEL

Anforderungen

Die von Ihnen erwarteten Leistungen bei der Lösung einer Prüfungsaufgabe/einer Aufgabenstellung sind in der Regel drei Anforderungsbereichen (AFB) zugeordnet.

► Anforderungsbereich I (AFB I): Reproduktion

- Den Inhalt eines eher einfachen Textes oder fachlichen Sachverhalts eigenständig wiedergeben
- Textart, Aufbau und Strukturelemente eines Textes unter Verwendung fachspezifischer Begriffe (Fachbegriffe, Fachterminologie) erkennen und bestimmen
- Fachspezifische Kenntnisse und Methoden in die Darstellung einbringen
- Teilergebnisse sinnvoll ordnen und verknüpfen
- Ergebnisse sprachlich angemessen formulieren
- Richtig zitieren

► Anforderungsbereich II (AFB II): Reorganisation und Transfer

- Den Inhalt eines schwierigen Textes oder Sachverhalts eigenständig zusammenfassen
- Die Struktur eines Textes erfassen
- Die Argumentation eines Textes beschreiben
- Wortschatz, Satzbau und poetische Mittel eines Textes auf ihre Funktion und Wirkung hin untersuchen
- Aus dem Unterricht bekannte gestalterische Verfahren funktionsgerecht verwenden
- Aus dem Unterricht bekannte Untersuchungsmethoden auf vergleichbare neue Gegenstände anwenden
- Für eine literarische Epoche charakteristische Erscheinungen in einem Text aufzeigen

► Anforderungsbereich III (AFB III): Reflexion und Problemlösung

- Intentionen und Wirkungsmöglichkeiten eines Textes ermitteln und beurteilen
- Die in einem Text vertretene Position in umfassendere theoretische Zusammenhänge einordnen
- Aus den Ergebnissen einer Textanalyse Schlüsse ziehen
- Bei gestalterischen Aufgaben selbständige und zugleich textangemessene Lösungen erarbeiten
- Die eigene Gestaltung reflektieren, erläutern und begründen
- Fachspezifische Sachverhalte begründet werten und einen Standpunkt argumentativ vertreten
- Hypothesen aufstellen und überprüfen
- Eine eigene Konzeption für die Bearbeitung einer komplexen Aufgabe entwickeln

Arbeitsschritte Interpretationsaufsatz

1. Arbeitsschritt: Erstes Überfliegen des Textes – Aufgabenstellung erfassen

↓

2. Arbeitsschritt: Text aspektorientiert erschließen

↓

3. Arbeitsschritt: These(n) zur Textdeutung formulieren

↓

4. Arbeitsschritt: Gliederung erstellen

↓

5. Arbeitsschritt: Klausur schreiben

↓

6. Arbeitsschritt: Klausur überarbeiten

Erschließungsaspekte Epik

Text

textimmanente Aspekte

- Erzähler, Erzählhaltung, Erzählform, Erzählverhalten, Erzählperspektive
- Figuren, Figurenkonstellation
- Handlung
- Darstellungsformen
- Sprache/Stil
- Motive/Symbole
- Zeit/Zeitgestaltung
- Raum/Raumgestaltung

textüberschreitende Aspekte

- Zeitumstände (historischer, politischer, sozialer, geistesgeschichtlicher Art)
- Biografie und Werk des Autors
- Literaturgeschichtlicher Zusammenhang (literarische Epoche, Gattungsgeschichte)
- Gegenwartsbezug und Lebensweltbezug

Fachbegriffe Epik

Erzähler

Der Erzähler in epischen Texten ist nicht mit dem Autor identisch. Vielmehr „erfindet" oder „wählt" der Autor den Erzähler (die Erzählerfigur, die Erzählform), der gleichsam zwischen Autor und Lesern vermittelt und den Lesern die „erzählte Welt", die fiktive Geschichte mit ihren Figuren, dem Raum und der Zeit, der Handlung präsentiert.
Die Präsenz und Aktivität der Erzählerrolle hängt eng zusammen mit der **Erzählstrategie**, d. h. der bewussten Verwendung der verschiedenen Gestaltungsmittel und Techniken des Erzählens.

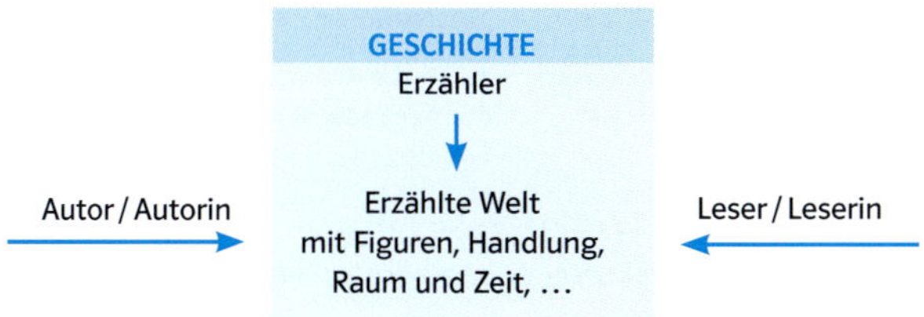

Erzählhaltung

Die Erzählhaltung ist die Einstellung, mit der der Erzähler dem Leser die fiktionale Welt vermittelt (sachlich, ironisch, humorvoll, kritisch, melancholisch, …).
Diese wirkt sich auf die Art der Darstellung und die Sprachverwendung aus.

Darstellungsformen

Der Erzähler verfügt über unterschiedliche Darstellungsformen, um dem Leser das Geschehen zu präsentieren.
Er kann selbst erzählen, oder aber er lässt seine Figuren sprechen, z. B. in direkter oder indirekter Rede, in erlebter Rede oder innerem Monolog.

Erzähler	Figuren (Personen)
Bericht: straffe, geraffte Darstellung der Handlung in zeitlicher Abfolge	**Direkte Rede**
Beschreibung: anschauliche Darstellung z. B. von Schauplätzen, Figuren, Gegenständen	**Indirekte Rede**
Szenische Darstellung: breite Erzählweise, meistens mit erzählter Figurenrede und Entfaltung der Situation (vgl. Szene im Drama)	**Erlebte Rede:** Wiedergabe von Gedanken und Gefühlen einer Figur in der 3. Person (ohne direkte oder indirekte Rede)
Kommentar: Eingreifen des Erzählers mit Bemerkungen, Urteilen oder Überlegungen	**Innerer Monolog:** Wiedergabe von Gedanken und Gefühlen einer Figur in der 1. Person

Erzählform

Der Autor wählt mit dem Erzähler auch eine bestimmte Erzählform (Er-/Sie-Erzähler oder Ich-Erzähler).

Erzählverhalten

Beim **auktorialen** Erzählverhalten hat der Erzähler einen Überblick über das Geschehen und das Innere der Figuren (allwissender Erzähler). Er kann sich einmischen, kommentieren usw. und damit die Wahrnehmung- und Sichtweise des Erzählten durch den Leser lenken.
Sein Standort liegt außerhalb des Geschehens. Beim **personalen** Erzählverhalten übernimmt der Erzähler eine Figurenperspektive und erzählt aus deren Sicht. Er ist am Geschehen unmittelbar beteiligt. Sowohl der Er-/Sie-Erzähler als auch der Ich-Erzähler können jeweils auktorial oder personal erzählen. Beim **neutralen** Erzählverhalten scheint der Erzähler ganz zu verschwinden. Das Geschehen wird dem Leser scheinbar unvermittelt vor Augen gestellt.

Erzählperspektive

Die Erzählperspektive ist die Position des Erzählers (Blickwinkel) gegenüber den von ihm erzählten Geschehnissen (Nähe, Abstand/Distanz). Diese können aus der Innen- oder Außenperspektive erzählt werden.

Raum/Raumgestaltung

Der Erzähler kann den Schauplatz oder „Raum" der Handlung gestalten, je nachdem, welche Bedeutung und Funktion er haben soll. Man kann Grundfunktionen der Schauplatzgestaltung unterscheiden:

Schauplatz, Ort	der Schauplatz der Handlung an sich kann bedeutungskonstituierend sein (Innenraum, öffentlicher Raum, Außenwelt, …); die einfache Beschreibung des Ortes kann bereits Aufschluss über Figurenkonstellationen oder Handlungszusammenhänge geben
Ambiente	die soziale Umwelt als Ausdruck des gesellschaftlichen Lebensstils einer Figur; Widerspiegelung der gesellschaftlichen Umwelt der Figur, z. B. bei Kleidung, Wohnung, Haltung, …
Soziales Milieu	die soziale Umwelt in ihrer Funktion als kausal-determinierendes Milieu, das die Figur in ihrem Denken, Fühlen, Handeln, Sprechen prägt
Stimmungsraum	die Unterstreichung des Gemütszustandes einer Figur durch eine bestimmte Atmosphäre, z. B. Gewitterschwüle (kurz vor einer emotionalen Eruption der Figur), Sonnenschein (Heiterkeit und Gelassenheit der Figur), Regen (Traurigkeit der Figur)
Symbolischer Raum	die Verdichtung der gesamten Thematik, z. B. eines Romans, in anschaulichen, bedeutsamen Bildern (Symbolen) mit Verweisfunktion

Zeit/Zeitgestaltung

Der Erzähler kann die Zeit unterschiedlich gestalten. Dabei ist zu unterscheiden zwischen **erzählter Zeit**, also der Zeit, über die sich das erzählte Geschehen erstreckt, und der **Erzählzeit**, also der Zeit, die man zum Erzählen oder Vortragen bzw. zum Lesen braucht.

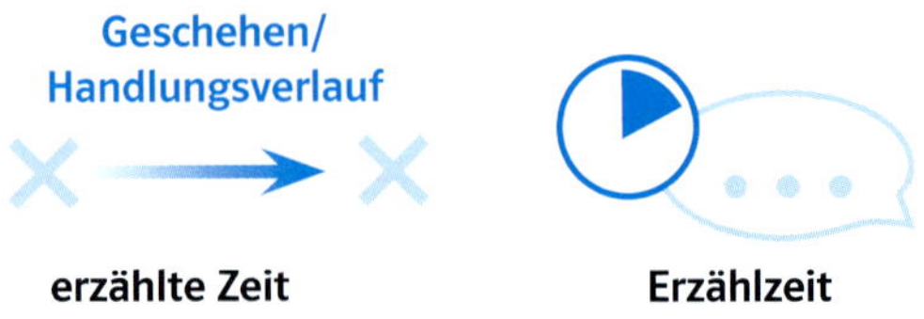

Der Erzähler kann die erzählte Zeit raffen **(Zeitraffung)**, dehnen **(Zeitdehnung)** oder Deckungsgleichheit zwischen Erzählzeit und erzählter Zeit herstellen **(Zeitdeckung).** Er kann auch zeitneutral erzählen (z. B. beim Beschreiben oder beim Erzählerkommentar), er kann in der Zeit springen (Zeitsprung), er kann zurückspringen (Rückblende) oder auf Künftiges vorausdeuten (Vorausdeutung). Mit der Art der erzählerischen Zeitbehandlung korrelieren die Darstellungsformen. So wird z. B. im Erzählerbericht das Geschehen gerafft, die Erzählzeit ist also kürzer als die erzählte Zeit. Bei der szenischen Darstellung entspricht die Erzählzeit in der Regel der erzählten Zeit, es herrscht also Zeitdeckung. Zeitdehnung kann z. B. bei langen Figurenmonologen (z. B. beim inneren Monolog) vorkommen. Wenn man, z. B. in einem Roman, Erzählzeit und erzählte Zeit in Zusammenhang bringt, bekommt man eine „Erzählkurve", die die Zeitgestaltung anzeigt.

Zeitgestaltung	Darbietungsform	Verhältnis von Erzählzeit und erzählter Zeit
Zeitraffendes Erzählen	Erzählerbericht	Erzählzeit < erzählte Zeit
Zeitdeckendes Erzählen	Szenische Darstellung	Erzählzeit = erzählte Zeit
	Erzählerkommentar, Erzählerreflexion	Erzählzeit - - -
Zeitdehnendes Erzählen	Innerer Monolog, Bewusstseinsstrom	Erzählzeit > erzählte Zeit

Figuren

Der Erzähler kann seine Figuren (Personen) auf vielfältige Weise gestalten, er kann sie z. B. **direkt** charakterisieren (beschreibend oder wertend) oder eine Figur eine andere (direkt) charakterisieren lassen; er kann sie auch **indirekt** charakterisieren, so dass sich der Leser/die Leserin aus dem Verhalten und den Äußerungen der Figur selbst ein Bild von deren Charakter machen muss.
Der Gestaltung einer Figur liegt eine bestimmte **Figurenkonzeption** zugrunde: Figuren können gestaltet sein als Typen, individuelle Charaktere, statisch oder dynamisch (Entwicklung) etc.

direktes Charakterisieren einer Figur	durch den Erzähler durch eine andere Figur durch die Figur selbst
indirektes Charakterisieren einer Figur	durch die Art der Darstellung, aus der der Leser Rückschlüsse auf Eigenschaften etc. der Figur zieht

Aspekte der Charakterisierung können sein:

das äußere Erscheinungsbild	Alter, Aussehen, Kleidung, …
das äußere Verhalten	Sprechweise, Mimik und Gestik, Gebärdensprache, Handeln, …
die innere Einstellung	Interessen, Absichten, Gedanken, Gefühle, …
die Lebensumstände	das gesellschaftliche Umfeld, Beruf, ökonomische Lage, …

Figurenkonstellation

Der Erzähler plant auch die Beziehungen zwischen den Figuren sorgfältig, so dass man diese in einem Schema zur Figurenkonstellation abbilden kann. Es gibt **Haupt- und Nebenfiguren**. Dabei kommen Grundkonstellationen immer wieder vor:

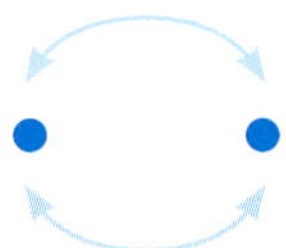

Spieler (Protagonist) – Gegenspieler (Antagonist)

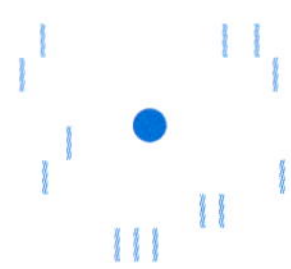

„Held", Zentralfigur

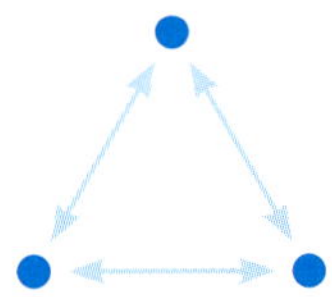

Dreieckskonstellation

Handlung

Der Autor gestaltet in seinem erzählenden Text einen **Stoff**, der ihm als Ausgangs- und Rohmaterial dient (geschichtlicher Stoff, Kriminalfall, Liebesgeschichte, ...). Das Geschehen „komponiert“ der Autor, d. h. er verknüpft es zu einem sinnvollen Zusammenhang mit Anfang und Ende und sich schlüssig auseinanderentwickelnden Ereignissen. Dieses durch **Komposition** gestaltete Gesamtgeschehen nennt man **Handlung**. Von den Mythen bis zu Geschichten in Filmen haben sich in der kulturellen Entwicklung bestimmte **Handlungsmuster** herausgebildet, die Autoren aufgreifen und umgestalten (Liebestragödie, Rettung der Welt von dem Bösen, abenteuerliche Reise des Helden, Figuren in Konflikten, Road Movie, ...). Sie hängen eng mit den verschiedenen **Erzählgenres** zusammen.

Man kann unterscheiden zwischen
- **Haupthandlung und Nebenhandlung(en)**
- **Rahmen- und Binnenhandlung**
- **äußerer Handlung** (äußere Ereignisse) und **innerer Handlung** (Inneres der Figuren)

Die Handlung kann strukturiert sein:
- durch die zeitliche Abfolge der Ereignisse (z. B. synchron – diachron; kontinuierlich – diskontinuierlich)
- durch die Handlungsstränge (einsträngig/linear – mehrsträngig, verflochten)
- durch ein oder mehrere Motive (wiederkehrende thematische Elemente)
- durch andere erkennbare formale Strukturen (Spiegelungen, Kreisform, Simultaneität, Montage, Multiperspektivik, ...)

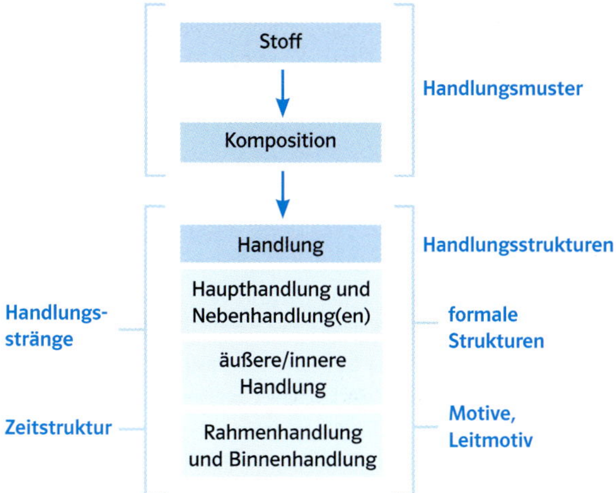

Epische Genres

Der Autor wählt mit dem Erzähler auch die epische Form oder die **Erzählgattung**, in der er das Geschehen präsentieren will, z. B.
- Roman
- Novelle
- Parabel
- Kurzgeschichte

Diese Formen unterscheiden sich nach Länge, Struktur, typischer Thematik und epochenspezifischer Verbreitung. So entstand z. B. der Typ des „Bildungsromans“ im 18. Jahrhundert, die Novelle hatte im 19. Jahrhundert (Realismus) einen Höhepunkt, die Kurzgeschichte ist in Deutschland erst seit dem 2. Weltkrieg verbreitet.

Merkmale des Romans

- eine erzählende **Großform** von mindestens hundert bis zu mehreren hundert Seiten, also wesentlich umfangreicher als epische Kleinformen wie z. B. Kurzgeschichte, Kalendergeschichte, Parabel, Novelle usw.
- meistens **„mehrsträngige“ Handlung**, also mehrere, miteinander verflochtene Erzählstränge mit verschiedenen Schauplätzen und Zeiten
- **komplexe** und meist durch vielfältige Beziehungen (z. B. Liebe, Neid, Eifersucht, Hass, Rachedurst, Hilfsbereitschaft, ...) miteinander verknüpfte **Figuren**
- Figurenkonstellation oft gekennzeichnet durch Grundmuster wie z. B. den „Helden“ oder die „Mittelpunktsfigur“, „Spieler und Gegenspieler“ oder ein „Dreiecksverhältnis“
- Entfaltung eines **breiten Wirklichkeitsausschnitts**, z. B. einer bestimmten geschichtlich-gesellschaftlichen Situation, die sich in den Beziehungen der Figuren spiegelt

Typen des Romans

Man kann Romane nach **Stoffen und Themen**, z. B.
- Kriminalroman
- Abenteuerroman
- historischer Roman
- Künstlerroman
- Eheroman
- Bildungsroman

oder nach der **Form** unterscheiden, z. B.
- Briefroman
- historischer Roman

E. T. A. Hoffmann „Der goldene Topf"

1814 erscheint E.T.A. Hoffmanns (1776–1822) Erzählung „Der goldene Topf". Kritiker bezeichnen sie als sein Meisterwerk. In diesem „Märchen aus der neuen Zeit" wird eine phantastische Welt in der Topografie der Stadt Dresden des 19. Jahrhunderts verankert. Diese Duplizität gibt dem poetologischen Konzept des Autors Ausdruck, die besagt, dass Elemente der Realität als Anregung für die Phantasie dienen. Mithilfe der Phantasie gelingt es dem Dichter, Erlebnisse der Wirklichkeit in eine utopische Märchenwelt zu übertragen und ihnen so eine zusätzliche Bedeutung zu verleihen. Damit wird subjektiv Erlebtes veranschaulicht.

Das Thema

Der Wirkung beider Welten ist der Held der Erzählung, der Student Anselmus, ausgesetzt. Er hat bürgerliche Vorlieben, besitzt aber eine besondere Sensibilität, die ihn befähigt, Dinge der Wunderwelt wahrzunehmen. Über Stadien der Verwirrung - er empfindet das Wunderbare zunächst als Gegensatz zu seiner Lebenswelt - gewinnt er immer mehr Klarheit über seine eigentliche Begabung: Im Haus des Archivarius Lindhorst macht er eine Lehre zum Dichter, erfährt die Hilfe und Liebe von dessen Tochter Serpentina und entscheidet sich zuletzt für ein Leben als Poet. Das bedeutet, dass er schließlich fähig ist, die Bewusstseinswelt des Poetischen mit der Erfahrungswelt zu vereinen.

Aufbau der Erzählung

Die Handlung entfaltet sich in zwölf Kapiteln (Vigilien). Mithilfe geschickter Übergänge durch die Blickführung des Erzählers vollzieht der Leser Nebeneinander und Gleichzeitigkeit der beiden Welten nach: Der Geschehnisraum Dresden wird so transparent für das Erscheinen der poetischen Welt. Dieser Wechsel von Realität und Wunderwelt spiegelt sich in der Entwicklungsgeschichte der Hauptfigur. Sechsmal beginnt das Geschehen ohne Einleitung, der inhaltliche Zusammenhang wird erst später hergestellt. Dadurch entsteht Unmittelbarkeit des Leseeindrucks. Am Ende tritt der Erzähler in das Geschehen der Erzählung ein und führt ein Gespräch mit der Figur des Archivarius.

Die Figuren, die Figurenkonstellation

So wie das Geschehen der Erzählung zwischen Alltagswelt und poetischer Welt changiert, so gehören auch die Figuren zwei Bereichen an. Das Doppelgängerprinzip kann in der Figurenkonstellation ausgemacht werden: Die bürgerlichen Figuren Paulmann, Heerbrand und Veronika finden ihr jeweiliges Pendant in den Gestalten, die Zugang zur phantastischen Welt haben: Lindhorst, Anselmus und Serpentina. Das Prinzip des Bösen, das die Hexe verkörpert, zeigt sich in der Person des Äpfelweibs. Anselmus schwankt zwischen beiden Sphären, bis er sich für ein Leben in der Poesie entscheidet.

Erzähltechnik

Parallel zur Handlung um den Studenten Anselmus zieht sich die Ebene des Erzählvorgangs durch das Werk. So wendet sich der Erzähler mehrmals durch die direkte Ansprache an den Leser oder zieht ihn als Ich-Erzähler in das Geschehen hinein. Damit zerstört er, nach dem Prinzip der romantischen Ironie, sein Erzählwerk selbst, da er die Illusion der Fiktion aufhebt. Es gibt auch Stellen, an denen durch die Blickführung und das personale Erzählverhalten der Leser das Erleben der Figur unmittelbar erfährt. Erzählexperimente, wie Perspektivenwechsel, Erzählverhalten und die ironische Erzählhaltung machen die Modernität des Werkes aus.

Raum und Zeit

Schauplätze der Handlung sind reale Orte der Stadt Dresden im 19. Jahrhundert. Hier agieren aber auch die phantastischen Figuren. Das heißt, in der Raumgestaltung wird die Ambivalenz der Realität durch das Wirken der poetischen Welt in ihr deutlich. Für ein Leben in der Poesie steht der utopische Ort Atlantis. Ebenso werden die exakten Zeitangaben durch eine mythische Zeitgestaltung überlagert.

Motive/Symbole

- Doppelgänger-Motiv: In der Figurenkonstellation werden Spiegelungen deutlich (Bürger - Künstler, Menschen mit Sensibilität für die irreale Welt). Das Motiv hat Bedeutung für das Handlungsmuster der Erzählung.
- Spiegel-Motiv: Der Spiegel ist ein magisches Requisit, in dem innere Vorgänge des Helden vergegenwärtigt werden.
- Natur: In Elementen der Natur wird die Zusammengehörigkeit aller Dinge poetisch dargestellt. Sie ist auch der Ausdrucksraum der romantischen Seele. (z. B. der Holunderbaum)
- Sehnsucht: Dies ist ein Bewusstseinszustand, der auf das wahre Ziel des Menschen im Jenseits verweist.
- Liebe: Diese Kraft der Bindung zu Serpentina befähigt Anselmus, seine Existenz als Dichter zu begreifen.

Textsorte Märchen

Die Handlungsstruktur der Erzählung entspricht der des Märchens: Nach einem Weg voller Schwierigkeiten, der Erfahrung phantastischer Mächte und verzauberter Räume sowie der Lösung von Aufgaben gibt es ein glückliches Ende. Anselmus' Abenteuerreise besteht allerdings darin, dass er dem Wechsel von Realem und Phantastischem ausgesetzt ist. So findet das Abenteuer im Bewusstsein der Figur statt, die einen Bildungsgang zum Dichter durchlebt. Es fehlen die für das Märchen typischen Eingangs- und Schlussformeln.

Epoche Romantik

Nach Auffassung der Romantiker verwandelt die Dichtung die reale Alltagswelt in Zeichen des unendlichen Naturzusammenhangs und der inneren Erfahrung.